GÜTERSLOHER
VERLAGSHAUS

GottesdienstPraxis
Serie B

Arbeitshilfen für die Gestaltung von Gottesdiensten
zu Kasualien, Feierragen und besonderen Anlässen

Herausgegeben von Christian Schwarz

Gütersloher Verlagshaus

Reformation 1517–2017

Herausgegeben von Christian Schwarz

Gütersloher Verlagshaus

Bibliografische Information der Deutschen Nationalbibliothek
Die Deutsche Nationalbibliothek verzeichnet diese Publikation in der Deutschen Nationalbibliografie; detaillierte bibliografische Daten sind im Internet über https://portal.dnb.de abrufbar.

FSC
www.fsc.org
MIX
Papier aus verantwortungsvollen Quellen
FSC® C083411

Verlagsgruppe Random House FSC® N001967

2. Auflage, 2016

Umschlagentwurf: Finken & Bumiller, Stuttgart
Umschlagmotiv: Luther Denkmal in Worms, Detail,
Foto: © Christine Keim, Langen/Hessen
Satz: Buch-Werkstatt GmbH, Bad Aibling
Druck und Bindung: CPI books GmbH, Leck
Printed in Germany
ISBN 978-3-579-06079-8

www.gtvh.de

Inhalt

Einführung

Bausteine für Gottesdienste

Einführung

Wo wir schwach sind, da sind wir stark
Predigt zur Synodeneröffnung

Wolfhart Koeppen

»Zu allem hat die Kirche etwas zu sagen. Aber wen interessiert das noch?« – Die Frage einer großen Wochenzeitung trifft den Nagel auf den Kopf. Die große Volksbewegung, der religiöse Aufbruch, der begeisterte Neubeginn, die mutige Entdeckung der Freiheit eines Christenmenschen im 16. Jahrhundert, die wir »Reformation« nennen, ist längst Geschichte. Und nicht wenige fragen inzwischen teils zynisch, teils resigniert: War da was?

Schon lange werden Lebenseinstellungen und Lebensstile nicht mehr durch die Familie oder die Gemeinde, sondern durch die Medien, vor allem das Fernsehen und soziale Netzwerke vermittelt. Und Lebensbedingungen und Lebensziele nicht mehr von den Kirchen, ja nicht einmal mehr von der Politik, sondern von der globalisierten Wirtschaft, vor allem den großen internationalen Konzernen und Banken bestimmt.

Dass sich die Kirche in Denkschriften zu Fragen der wirtschaftlichen Verteilungsgerechtigkeit und der Arbeitslosigkeit äußert, auf Landes- und Ortsebene an vielen Brennpunkten diakonisch tätig ist, in Beratungsstellen die Opfer unserer Leistungskultur therapiert, in Kirchenkonzerten einen Beitrag zum kulturellen Leben leistet und in tausenden sonntäglichen Gottesdiensten Identitäts- und Gemeinschaftspflege betreibt, wird als Bestandteil unserer pluralistischen Kultur mehr oder weniger wohlwollend zur Kenntnis genommen. Aber dass alle diese personal- und kostenintensiven Bemühungen gesellschaftliches Handeln prägen, Bewusstsein beeinflussen, Gerechtigkeit fördern und Bedingungen des Friedens schaffen, wird im Ernst niemand behaupten.

Wohin man kommt, wohin man hört, überall die Frage: Was bringt's? Was habe ich davon? Mehr als publizistische Kirchenkritik und individuelle Zweifel offenbaren diese Fragen, wie sehr wirtschaftliches Denken und ökonomische Maßstäbe die Reichweite der christlichen Botschaft bestimmen. Wer nicht praktischen Nutzen, finanziellen Erfolg, öffentliche Sicherheit oder wenigstens Spaß verspricht, hat schlechte Karten.

Dessen ungeachtet wird in der Kirche des Wortes unentwegt geredet – auf Kanzeln und in Klassenzimmern, in Kirchenvorständen, Kommissionen und Synoden, in Verlautbarungen und Erklärungen. Aber die allermeisten Aktivitäten – ich zitiere den Holländer Johann Christian Hoekendijk – sind wie ein »emsiges Auf-der-Stelle-treten, das den Eindruck erwecken soll: Aber wir bewegen uns doch!« Wie gesagt: »Zu allem hat die Kirche etwas zu sagen. Aber wen interessiert das noch?«

Nun bringt es freilich nichts, den Zeitgeist zu beklagen und die böse Welt (vor allem die Medien) für die schlechte Presse der Kirche verantwortlich zu machen. Die Alternative kann auch nicht sein, sich in die Nestwärme der kleinen Gruppe zurückzuziehen und nach der Devise »small is beautiful« aus der Not eine Tugend zu machen. Sicher, andere Institutionen – politische Parteien, Gewerkschaften, Verbände – haben ähnliche Probleme. Auch ihnen laufen die Mitglieder davon. Ein schwacher Trost. Denn dass Kirchen und Gemeinden hinsichtlich individueller Akzeptanz und gesellschaftlicher Relevanz de facto nicht viel mehr sind als Vereine zur Pflege religiöser Folklore (auch dies eine Formulierung des alten Hoekendijk), ist zunächst mal ihr eigenes, ihr hausgemachtes Problem – unser Problem. Denn das meiste von dem, was uns gegenwärtig so verunsichert, ist ja nicht Folge unseres Christusglaubens, Konsequenz eines alternativen Lebensstils, Preis der Nachfolge, sondern im Gegenteil: mangelnden Mutes und mangelnder Zeitgenossenschaft.
Schauen wir uns doch um: Da gibt es viel Betriebsamkeit, aber (von Ausnahmen abgesehen) wenig Begeisterung. Es gibt viel Fleiß und Einsatzbereitschaft, aber auch viel Verbissenheit und Resignation. Es gibt, aufs Ganze gesehen, wenig Mut zum Risiko, zur Veränderung, eher ein trotziges: Weiter so! Bei allem Schielen auf Marktchancen überwiegt die Angst vor der Unübersichtlichkeit des Angebots, in dem die traditionellen Kirchen und Gemeinden nur mehr eine kleine Fachabteilung im riesigen Supermarkt der Religion sind. Und es gibt – ich denke, da werden Sie mir zustimmen – eine große Angst vor Auseinandersetzungen, vor Ziel- und Interessenkonflikten, die kreative Lösungen wirksamer blockiert als aller Gegenwind von außen. Die aktuellen Verteilungskämpfe in unserer Kirche um knapper werdende Finanzen wirken ja deswegen so kläglich, weil die Rasenmähermethode linearer Kürzungen gerade das vermeidet, was so dringend nötig wäre und was

alle fordern, aber niemand in Angriff zu nehmen wagt, nämlich die Festlegung von Prioritäten, den Verzicht auf liebgewordene Erbhöfe, den Abschied von eingefahrenen Selbstverständlichkeiten und vor allem den Mut zu Entscheidungen.
Es sieht so aus, als sei Ruhe die erste Christenpflicht, als gäbe es für volkskirchliche Gemeinden nichts Wichtigeres als Harmonie; als sei nichts schlimmer, als Position zu beziehen und sich um klarer Optionen willen in Gottes Namen auch einmal Feinde zu machen; als käme es vor allem darauf an, »unerbittlich nett zueinander zu sein« (Hans Magnus Enzensberger). Deshalb dürfen wir uns als Kirche nicht wundern, wenn wir immer wieder über die eigene Ziel- und Belanglosigkeit stolpern.

Klingt Ihnen das zu kritisch, zu pessimistisch? Darf man so fragen, wo wir doch auf das Jubeljahr »500 Jahre Reformation« zugehen und schon ein bisschen in Feierlaune sind? Sollen wir nicht – allein schon für die kritische Öffentlichkeit – die Errungenschaften jener Epoche werbewirksam herausstellen, anstatt sie in typisch protestantischer Manier kleinzureden? Außerdem können wir darauf verweisen, dass zumindest bei uns in Bayern keine Hamburger Verhältnisse herrschen, dass unsere Kirchengemeinden weithin noch einen anerkannten Platz in der kommunalen Öffentlichkeit haben, dass die Pfarrer immer noch bei der Weihe von Sparkassen oder Kläranlagen als Festredner mitwirken dürfen und dass wir Evangelischen trotz unserer kleinen Zahl akzeptierte ökumenische Partner sind. Ich meine jedoch: Gerade diese angenehmen Selbstverständlichkeiten können den Blick für die anstehenden Probleme und Aufgaben verstellen, erwecken sie doch den Eindruck: Bei uns ist es noch nicht so schlimm, bei uns gibt's noch nicht so viele Kirchenaustritte, bei uns wird noch jede/r kirchlich beerdigt, bei uns fragt man noch nach der Kirche.
Aber Vorsicht! Als Trittbrettfahrer der großen, dominierenden römisch-katholischen Kirche haben wir's in der Tat leichter als andere, die sich schon längst auf dem freien Markt unterschiedlichster weltanschaulicher und religiöser Anbieter bewähren müssen. Gerade in der Diaspora profitieren wir immer noch von der altbayrisch-selbstverständlichen Verbindung von Kirche und Folklore. Aber wer garantiert uns, dass das im 21. Jahrhundert noch eine tragfähige Basis ist, um Menschen den Sinn der Kirche und die Bedeutung des Evangeliums plau-

sibel zu machen? Sie zu ermutigen, gegen die übermächtigen Gesetze eines rein an ökonomischen Gesichtspunkten orientierten Denkens und einer von den Medien propagierten Spaßkultur widerstandsfähig zu werden? Fähig und bereit für die mühsamen, riskanten, nicht mehr durch Gewohnheit abgesicherten Schritte konkreter Jesus-Nachfolge?

Darum können wir uns, auch wenn wir's allesamt gern harmonisch, beschaulich und friedlich hätten, weder als Synode noch als Kirchengemeinden um die unbequemen Fragen herumdrücken, in denen unser Auftrag und unsere Zeitgenossenschaft gleichermaßen auf dem Spiel stehen. Ich nenne nur einige dieser Fragen (mehr hoffentlich in unseren Diskussionen heute):

Für welche Ziele stehen unsere Gemeinden eigentlich? Wie werden diese Ziele bestimmt? Und durch wen? Was wissen wir über die tatsächlichen Fragen, Sorgen, Wünsche, Bedürfnisse und Sehnsüchte der Menschen in unseren Gemeinden? Was ist unsere spezifische, unvertretbare und unverwechselbare Aufgabe – an unserem Ort, in unserer Region, in unserer Gesellschaft? Wo ergreifen wir Partei, statt uns vor lauter Angst, zwischen alle Stühle zu geraten, mit Bestandspflege und Vereinsmeierei zufriedenzugeben?

Viele Fragen. Dabei das sind noch längst nicht alle. Und ich bin nicht der Weihnachtsmann oder Frau Holle. Ich habe keine fertigen Antworten im Gepäck. Schon gar keine allgemein überzeugenden und akzeptierten.

»Darum will ich mich am allerliebsten meiner Schwachheit rühmen, damit die Kraft Christi in mir wohne ... denn wenn ich schwach bin, so bin ich stark.« Nachzulesen im 2. Brief des Paulus nach Korinth (12,9b.10b). Gewiss, ich bin nicht Paulus. Und wir sind allesamt keine Apostel. Aber Paulus formuliert ja keine zufällige persönliche Erfahrung, sondern ein Grundgesetz der Kirche. Er will nicht aus der Not eine Tugend machen, sondern von dem Zwang entlasten, wir müssten – auch und gerade als Christen – immer noch besser, noch leistungsfähiger, noch zielstrebiger, noch erfolgreicher, noch netter, noch fröhlicher, noch glaubensstärker, noch liebesfähiger und noch hoffnungsvoller sein als andere. Wer sagt denn, dass wir als Christen auf alle Fragen eine Antwort und als Kirche zu jedem Problem auch eine Lösung haben müssten?! Da wäre es wirklich so etwas wie eine neue Reformation – sprich: eine große Befreiung –, wenn wir uns unsere

Schwächen, unsere Rat- und Konzeptionslosigkeit, unser Ungenügen am herrschenden Betrieb und die Folgenlosigkeit von unglaublich viel Fleiß, Einsatz und Engagement ehrlich und ohne Selbstmitleid eingestehen könnten, statt immer noch zu tun, als wären wir wer, als wären wir wichtig, als hätten wir den Leuten wirklich etwas zu sagen, als stünde die Kirche noch mitten im Dorf.
Da feiern wir mit unglaublichem Aufwand »500 Jahre Reformation«. Aber gleichzeitig erleben wir, wie zerbrechlich alle unsere kirchlichen Selbstverständlichkeiten geworden sind. Wir erinnern uns an die großen Aufbrüche des 16. Jahrhunderts und sind gleichzeitig damit beschäftigt, ängstlich festzuhalten, was scheinbar unsere Bestände garantiert. Umso wichtiger ist die Erkenntnis, dass die Tragfähigkeit des Evangeliums und die Tragkraft des christlichen Glaubens weder von unseren Erfolgen abhängt noch durch unsere Defizite widerlegt werden kann. Denn wir haben diesen Schatz in irdenen Gefäßen, damit die überschwängliche Kraft von Gott sei und nicht von uns. Wir sind von allen Seiten bedrängt, aber nicht bedrückt. Wir zweifeln, aber wir verzweifeln nicht. Wir werden verfolgt, aber wir sind nicht verlassen. Wir sind am Boden, aber nicht am Boden zerstört. Ja, das Sterben Jesu ist unser Kennzeichen, damit man auch das Leben Jesu an uns erkennt. (2 Kor 4,7–10): Worte eines Menschen, der vom Christenglauben, von Gemeindeaufbau und kirchlichem Leben mehr verstanden hat als wir alle ...

Ja. Das wäre stark: Wenn wir zu unserer Schwäche stehen könnten, ohne Angst, das Gesicht zu verlieren! Das wäre ein konkretes, verständliches und nachvollziehbares Bekenntnis zu dem Christus, dessen Gnade genügt, damit aus Schwachheit Segen wachsen kann (vgl. 2 Kor 12,9). Das wäre ein befreiendes Gegenmodell zur Diktatur der herrschenden Leistungs- und Erfolgskultur, in der vor lauter Fortschritt, Wachstum, Gewinn- und Marktorientierung immer mehr Menschen auf der Strecke bleiben. Das würde ansteckend wirken und Schule machen. Das wäre eine Erklärung der reformatorischen Rechtfertigungslehre, die wirklich das Leben betrifft.
Deswegen sag ich mal ganz direkt: Hören wir damit auf, uns gegenseitig unsere tatsächlichen oder vermeintlichen Erfolge vorzuführen; teilen wir lieber unsere Fragen, Ängste und Sorgen! Hören wir damit auf, in Pfarrkonferenzen und Synoden heile Welt zu spielen, als sei es

mit ein bisschen Oberflächenpolitur getan! Bringen wir stattdessen den Mut auf, öffentlich und freimütig die Schwächen unseres Christenglaubens und die Schwachstellen unseres kirchlichen Lebens einzugestehen! Trauen wir uns – und nun wirklich wörtlich genommen! – in Jesu Namen, unsere Ratlosigkeit zuzugeben, unsere Ziel- und Konzeptionslosigkeit zu bekennen, anstatt so zu tun, als sei es mit ein paar kosmetischen Operationen und dem einen oder anderen Reförmchen getan. Setzen wir gegen die allgegenwärtige Erfolgsreligion nicht nur verbal, sondern praktisch das Bekenntnis zu dem Christus, der bis heute unvergessen ist, weil er keine Angst hatte vor der eigenen Schwäche und sich gerade deshalb mit der Schwachheit der Schwachen einlassen konnte!

Ich schließe mit einer kleinen Geschichte. Die steht zwar nicht im Neuen Testament, nicht mal bei Martin Luther, sondern bei dem jüdischen Theologen Martin Buber. Aber ich finde, sie passt. Denn sie bringt unsere Lage auf den Punkt und sie beschreibt, was zu tun ist:
»Einst hatte sich einer im tiefen Wald verirrt. Nach einer Zeit verirrte sich ein zweiter und traf den ersten. Ohne zu wissen, wie es dem ergangen war, fragte er ihn, auf welchem Weg man hinausgelange. »Das weiß ich nicht«, antwortete der erste, »aber ich kann dir Wege zeigen, die nur noch tiefer ins Dickicht hineinführen. Und dann lass uns gemeinsam nach dem Wege suchen.«

31. Oktober
Fünf Plädoyers zu Kirche und Reformation

Arno Schmitt

Die Beiträge erschienen über mehrere Jahre hinweg als 80-Zeilen-Kolumnen in der regionalen Tagespresse.

Und lass sie nicht liegen!

Nicht Querulant, nicht Besserwisser. Martin Luther war einer ihrer eifrigsten und gründlichsten. Er liebte seine Kirche und litt an ihr. »Den aller Weltkreis nie beschloss«: Sie haben sich seiner bemächtigt, zu einer Marionette gemacht, zum Deckmantel uralter Machtansprüche und nimmermüder Lust, die Seelen und die Welt zu beherrschen. Nein, so Martin Luther: Gott müsse sich selbst befreien, anders gelänge es nicht, Gott Gott sein und den Menschen Mensch werden zu lassen. Wie Schuppen fiel es ihm von den Augen.

Also her mit dem Hammer: 95 Sätze aufs Pergament und ran an die Tür. Öffentliche Einladung: Hallo, da draußen! Wir haben ein Problem! Die Liederlichkeit des Ablasshandels! Aber das nicht allein! Der Skandal reicht tiefer! Ans Fundament der Kirche! Auf wen ist die Kirche gepolt, so die Frage: auf Gott oder den Mammon? Schauplatz und Zeitpunkt der Demonstration: Schlosskirche zu Wittenberg, 31. Oktober 1517, Tag vor Allerheiligen. Die Thesen gingen wie ein Lauffeuer durchs Land!

Längst ist es still geworden um die Kirche der Reformation. Die Gemüter haben sich beruhigt. Mit protestantisch hatte sie es (von Ausnahmen abgesehen) ohnehin nie so recht. Dem Streit geht sie aus dem Weg, bleibt lieber auf den Fersen als aufzustehen, weicht lieber aus als sich zu stellen. Ob Luther seine Kirche wiedererkennen würde? Manchmal stelle ich mir vor (wünsche es mir geradezu), er würde seinen Sockel verlassen und nach uns Ausschau halten. Zu Papier und Feder, Nagel und Hammer würde er greifen und an die Türen kleistern: »Also doch, ihr habt es tatsächlich getan? Gott ins Abseits gedrängt? Ihm geraten, sich davon zu machen, und was euch ein Kreuz war, mitzunehmen? Seine Klarheit, seine Hoffnung, seine fassungslose Milde, seine Träume, seine Heiterkeit, seine Liebe, seine Vergebungsbereitschaft, die Anarchie seines Herzens? Mein Gott, nichts hat sich geändert! Der euch gesucht hat, sucht, alles mit euch teilen will: fortgeschickt habt ihr ihn, unter Arrest gestellt! ›Ein feste Burg ist unser Gott‹! Ja, ich hab es mir aus dem Herzen geschrieben. Aber singt es lieber nicht! Denn Gott nicht kaserniert habe ich gemeint, versteckt, hinter Mauern, sondern lebendig, in Sicht- und Rufweite! Gott und Mensch unterwegs! Auf Zukunftskurs: in Kenntnis der Gefahren, der Untiefen, der Grenzen, der eigenen auch, doch ohne Angst und in getrostem Vertrauen!«

Gott mag dich! Wie du bist, so bist du ihm recht! Nicht weil du es dir verdient hättest oder irgendwie irgendwann durch irgendetwas noch verdienen könntest! Umsonst, allein aus Gnade! Reformatorische Schlüsselerkenntnis. Ja, Kirche: Gott mag dich! Mit allem, was du bist und in den Jahrhunderten geworden bist! Da ist einiges zusammengekommen, du weißt es. Eine ganze Menge Gutes. Eine ganze Menge Schräges und Miserables aber auch. Meine nicht, Gott mit Ausreden kommen zu können. Du kennst seinen Kurs. Ins Freie will er dich führen. Das Leben soll wissen, worauf es sich verlassen kann. Aber noch einmal sich hinhalten, noch einmal mit sich spielen zu lassen, das wohl nicht mehr. Er würde sich seine Bündnispartner/innen anderswo suchen, seinen Plan mit anderen vollenden. Also, Gemeinschaft der Heiligen. Es ist dir mit der Gnade das Teuerste überhaupt gegeben. »Nimm sie und lass sie nicht liegen!« (Dietrich Bonhoeffer)

Verändert – wie sonst!?

31. Oktober. Tag der Reformation. Früher gab es da schulfrei. Mit »Ein feste Burg« und großen Gottesdiensten. Luther war Volksheld. Ähnlich wie Bismarck. Lange her. Heute weiß kaum mehr jemand drei Sätze vom großen Reformator der Kirche vor bald 500 Jahren zu sagen, dem Wiederfinder des Evangeliums von der Liebe Gottes, dem genialen Bibelübersetzer und »Lehrer der Deutschen«. Und doch: Luthers Erben leben. Noch immer ist nichts zu Ende, die Reformation unterwegs. Sie war es in der Aufklärung, 250 Jahre sind das her. Und sie ist es, rund

um die Welt noch heute, wo immer es um das freie Gewissen, die Wahrung der Freiheits- und Menschenrechte und den Kampf um Demokratie und soziale Verantwortung geht.

Geborgenheit in einem gefügten Weltbild, überschaubar und überholt, hat die evangelische Kirche nicht zu bieten. Ihre Institution ist schwach, dafür recht flexibel. Kein herrisches Lehramt, das Freiheit schafft, Aktualität, aber auch Unsicherheit, Angreifbarkeit. Eines aber haben die Nachfolger verstanden: Wahrheit, Gewissheit, Heiliger Geist lassen sich nicht verordnen, allenfalls erbitten. Verstanden auch das: in der Mitte die Bibel. Nicht mit einem Kursbuch zu verwechseln, die Züge und Verbindungen einfach gegeben. Du musst sie herausfinden, nach Versuch und Irrtum ermitteln, nicht ganz einfach mitunter. Das allein aber ist es nicht. Die Kirche hat ein Vertrauenswissen. Und das ist ihr Kapital, wichtiger denn je: Du, Mensch, bist gemocht vom Grund der Welt. Du stehst in einer lebendigen Beziehung zu einer lebendigen Mitte und findest deine Schwestern und Brüder mitten unter Fremden. In unzähligen Gemeinden, Gottesdiensten, in Seelsorge, Schule und Beratung wird dieser Schatz ausgeteilt, Tag für Tag, Woche für Woche. Der Bedarf an glaubwürdigem und denkwürdigem Christsein ist enorm. Und nie ist die Kirche besser als ihre Glieder.

Die Kirche ist kleiner geworden. Viele Zeitgenossen haben den Kontakt zur Kirche verworfen, ihn über die Jahre verloren, neu ihn anderswo aufgenommen. Heilsversprechen sind zum bunten Markt geworden, ganz auf der Welle der Zeit: Für alles komme ich selbst auf, warum nicht für meinen Gott? Und sei es das ewige Licht meines Fernsehers oder das Selbsterlebnis des Kaufens oder alles das Andere, das ich mir leiste. Hauptsache, es gefällt. Ganz ohne Zweifel: Es kann das alles noch eine Weile so weitergehen, die Hohlheit noch immer nicht hohl, die Leerstellen noch immer nicht leer genug sein. Aber irgendwann werden die Irrtümer verbraucht sein und die Menschen wieder zu fragen beginnen, wird uns Heißhunger auf Brot, das sättigt, überfallen. Und dann werden wir den Ort, wo Gott zu finden ist, wie Martin Luther Kirche nennen. Verändert (wie sonst?!), aber Kirche!

Alles weitere dann!

Alles möglich. Alles machbar. Heute so und morgen so. Und wenn ich es noch mal ganz anders meine, dann eben so. Alles ganz einfach. Freiheit ist gut!

Es gab eine Zeit, da war das nicht so. Zur Zeit Martin Luthers. Wenn der sein Jurastudium beendete und ins Kloster ging, weil ihn der Blitz erschreckte und die Angst überkam, dann klingt das in unseren Ohren, nun ja, ein bisschen seltsam. Überhaupt seine Furcht vor dem letzten Gericht, sein Ringen, hier schon, um den gnädigen Gott. Und doch: Die Angst ist nicht kleiner geworden, Krieg und Verwüstung bestimmen die Lage, Hunger und Elend, Terror und Flucht. Die Welt scheint aus dem Ruder zu laufen, wieder einmal, und keiner da, der dem führungslosen Karren die Richtung weist. Und wie lange ich es selbst noch schaffe im Beruf, in der Familie, unter den Bedingungen, die sind, wird sich zeigen, einfach ist's nicht!

Für Luther war es die Angst, vor Gott nicht bestehen zu können. Für uns heute ist es die Angst, vor den anderen, nicht mal vor uns selbst bestehen zu können. Das Ergebnis ist dasselbe. Das Leben verdampft, zerfasert, bricht weg. Wir haben uns zur »Risikogesellschaft« entwickelt, sagen kritische Beobachter. Nicht nur dass jeder in dem, was er tut, vor der Aufgabe steht, zu reüssieren. Er muss es nicht nur, um auf sich aufmerksam zu machen, sondern er muss es beim nächsten Mal wieder, aber anders, denn sich auf etwas einzulassen, was war, ist für den Fortgang keine Gewähr. Selbstrechtfertigung als Dauermodus. Alles das geht eine Weile, aber einmal auch nicht mehr. Und dann wäre es gut, einen Gesprächspartner zu haben. Einen, der sich mit den Mechanismen des Lebens schon ein bisschen befasst hat. Nichts anderes taten die Reformatoren, denn ihre Fragen nach Gott waren immer auch Fragen nach dem Grundklang menschlichen Lebens. Menschliches Leben?

Meine ja nicht, das Leben eines Menschen hänge vom Wert und Umfang seiner auf die Waage gebrachten Leistung ab. Überhaupt hängt der Wert deines Lebens keine Sekunde von dem ab, was es mit dem Kopf oder der Hand und dem Fuß zu stemmen in der Lage ist. Deshalb täten wir als Christenmenschen gut daran, vom Wert des Menschen gar nicht zu reden, deutlich zurückhaltender auch damit zu sein, auf dieses oder jenes menschliche Leben stolz zu sein. Mit dem Stolz des menschlichen Lebens hat es Gott nicht, Gott sei Dank! Schönheit, tolles Auftreten, strahlende Zähne, Dauerverfügbarkeit, Dauer-Gute-Laune: Alles das mag der Geist der Zeit sein, beeindruckt Gott aber nicht eine Sekunde. Gott setzt dem allen sein Eigenes entgegen: Nicht deine Taten und Untaten machen's! Nichts von dem, was du tust! Dein Glaube macht's! Dein Glaube an den, der dich will als »neue Kreatur«!

Freiheit also. Ungeschminkt. Ungeschmälert. Freiheit für uns, die es gewohnt sind, Freiheit für uns selbst nur immer hoch, für andere so klein wie nur möglich zu halten. »Schon immer so!« heißt es dann, wenn an Besitzständen nicht gerührt werden und alles so bleiben soll, wie es ist. Und »was aus dem schon werden soll« wird als Frage in Sekundenschnelle erledigt, wenn man dem, nach dem gefragt wird, ohnehin nicht über den Weg traut. Der hat es gestern nicht gepackt, also packt er es auch nicht morgen. Gegenwart? Das ist, was ich aus der Vergangenheit weiß. Und Zukunft? Die Wiederholung des immer Gleichen. Die Botschaft der Reformation ist gerade das Gegenteil: Gott traut uns für den morgigen Tag etwas zu, was wir nie für möglich gehalten hätten!

Freiheit ist dann entscheidend mehr als die multioptional gepflasterte Wahl der genehmen Marke und/oder des Urlaubsortes. Mehrwert des Lebens, Spielraum gegenüber den alltäglichen Leistungs- und Rechtfertigungsattacken, wirkmächtiger Einspruch gegenüber den übertriebenen Erwartungen an mich selbst, die Handbreit Wasser unter dem Kiel meines Lebensschiffchens in stürmischen Zeiten. Reformatorischer Glaube wird nicht damit aufhören, immer neu darauf zu verweisen, dass der Mensch deutlich mehr ist als die Summe dessen, was er von sich selbst weiß oder andere meinen von ihm zu wissen. Er wird es mit dem Bild des alten Psalms (Ps 8) halten, der den Menschen von einer Würde umkleidet rühmt, die ihn ein Tüttelchen kleiner nur als Gott selbst sein lässt. Im Umgang mit unseren Zeitgenossen gilt das dann auch und möchte sich verantwortlich ins Werk setzen: Ihr Kinder in der Schule, ihr Patienten in der Klinik, ihr Mitarbeiter/innen in den Unternehmen, Redaktionen und Verwaltungszentren, ihr vielen auch, die ihr aus den Ruinen eurer Städte und Länder über gefährliche Wege zu uns nach Deutschland geflohen seid, und alle ihr anderen: nur ein Tüttelchen kleiner als Gott! Und so auch will ich es für mich selbst glauben: Fürchte dich nicht! Der dich gewollt hat, noch ehe du dir darüber selbst hast Gedanken machen können, will dich, geht lange und längste Wege dafür! Sei, der du bist! Alles weitere dann!

Quellgrund der Liebe

Kindergarten ist gut. Und Krankenhaus und Altenheim auch. Nichts wäre die Kirche ohne die Nächstenliebe. Aber noch viel wichtiger ist der Stoff, aus dem sie ist. Das Ganze steht auf dem Spiel. Die Kirche schützt den Boden, aus dem die Aufgabe kommt. Kirche ist nicht die Liebe. Aber sie hütet sie, sie ist das Wissen vom Quellgrund der Liebe.

Dass Gott die Liebe ist, ist der Grund aller Humanität. Und wenn wir uns tausendmal aneinander vergehen, die Würde des Menschen ist unantastbar. Wir sind die Liebe nicht, machen die Liebe nicht, sind die Erfindungen Gottes und gehen der Liebe bestenfalls zur Hand. Ohne jüdisch-christliche Wurzel ist die Humanität eine abgeschnittene Blume. Ich und du: ein Hauch vom Atem der Welt, wir alle. So will es Gott. Und so ist es unsere Würde. Und darin uns bestärken, daran uns zu erinnern, dazu uns zu mahnen, dazu ist die Kirche da.

Kirche weiht ein in das Wissen der Menschheit, erzählt die Bilder vom Anfang und Ziel des Heils. Gut, dass du da bist, sagt sie dem Neugeborenen bei der Taufe: Du bist einzig, wunderbar, nicht irgendwelcher Zwecke wegen, einzig darum, dass es dich gibt! Und Kirche traut Menschen, erklärt ihre Liebe von Gott gesegnet. Weder kann man ernsthaft Kinder auf eigene Rechnung wollen noch eine Ehe schließen auf Verdacht. Für Kinder müssen wir uns vom Leben berufen wissen, und bei der Ehe ein Muss ist wollen, was ich nicht garantieren kann, sonst sollte man sich loslassen für den Richtigen bzw. die Richtige. Und zu Grabe kommt, was sterblich ist, die Fahrt aber geht weiter, hinter den Horizont, ins Haus des Lichts. Darum hat jeder Abgelebte ein Recht auf liebevollen Nachruf und ein Gebet, sonst fällt doch alles auseinander.

Wer aber sagt es uns? Wer bürgt dafür? Wer besorgt die Sonn- und Feiertage? Wer hütet den Herd der Gewissheit und des Trostes? Wer hört zu, stiftet zu Hilfe und Geselligkeit an? Die Kirche tut, was sie kann. Kirche aber kannst du nicht selber sein. Auch deine Sprache hast du nicht für dich selbst. Da ist ein Vorrat, und daraus nimmst du. Und weil du aus dem Schatz des christlichen Glaubens so viel nimmst, kümmerst du dich darum, dass das so bleibt. Mit Engagement. Aber auch mit der Münze. Es gibt bessere Erfindungen als die Kirchensteuer. Nicht viel besser, sie für die Nachkommen zu sparen. Von Kirchen, die stimmen, werden die Nachkommen mehr haben: damit es zum Humanen auch für sie und deren Kinder noch reicht!

Kostbarer Schatz

Dass ich protestantisch bin und du katholisch, dafür können wir beide nichts. Es ist ja viel Erbe, kaum eigene Entscheidung dabei. Je südlicher geboren, desto wahrscheinlicher römisch-katholisch. Nur weil der Retter der Reformation, König Gustav-Adolf, aus Schweden kam, ist es im Norden andersherum.

Die Bibel ist uns gemeinsam. Ausgangsort. Basisurkunde für uns beide, wenn auch die in Luthersprache geschriebene körniger daherkommt als die auf Zimmertemperatur gehaltene Universalübersetzung. Und gemeinsam haben wir die großen Glaubensbekenntnisse, das Vaterunser, die Ahnung einer Weltfamilie, die Auferstehungshoffnung. Und gemeinsam, auch das, haben wir ein ethisches Netz, die Zehn Gebote und das Gebot der Nächstenliebe.

Verschieden sind unsere Vorstellungen von Kirche. Für Katholiken, hat einer mal gesagt, entscheidet sich das Verhältnis zu Gott an der Haltung zur Kirche, bei den Protestanten ist das umgekehrt. Für Protestanten ist Kirche nicht so wichtig, sie haben ›direkten Draht, ohne irdischen Zwischenhandel‹. Gut, wenn das so ist, doch wenn nicht, ist man als Evangelischer mit seinem Gewissen ziemlich allein. Man muss schon eine Art Begeisterung haben zu Jesus, muss sich aus dessen Geschichten und Worten eine Hütte bauen, sonst kann es einsam werden. Katholiken haben eine große heilige Familie um sich her, heiliggesprochene Frauen und Männer quer durch die Jahrhunderte sind ein Team, das zur Rettung der Seelen im Dienst steht. Diese Fürbitter bei Gott, der Christus vorneweg, bilden den ›Mauerschutz‹ der Kirche. Der macht sie so kostbar, weil das Einzelmenschlein ansonsten alleine dastünde in den Ängsten (die oft erst von der katholischen Erziehung erzeugt werden). Und dann Christi Sterben: Die Katholische Kirche inszeniert es in der Eucharistie jeweils neu und bringt dem Vater das Opfer seines Sohnes allemal neu dar. Dieser erlässt dann die Sünden um der Liebe des Sohnes willen. Bei uns Evangelischen versöhnt Gott die Welt mit sich selbst. Gott bittet uns, dem Werk der Liebe zu vertrauen. Und wenn wir einander zu Brot und Wein werden, dann erbaut sich der Leib Christi immer wieder neu. So einfach und klar ist das.

Die Evangelische Kirche hat viele Meinungen und Grüppchen und Kirchlein in sich. Das ist Reichtum und das ist Schwäche, beides zugleich. Die römisch-katholische Kirche hat andere Defizite: die Diktatur des Zölibats, die Priester- und Männerdominanz, die Missachtung des persönlichen Gewissens. Wer weiter Schwangerschaftsberatung mit offener Entscheidung wolle, habe ein objektiv falsches Gewissen, und wer als kirchliche Mitarbeiterin die Ehe mit einem geschiedenen Partner eingeht, die verliert in der Gemeinde ihren Arbeitsplatz. Noch immer ist das so und leider nicht anders. Mit Bruder Papst als unfehlbarer Lehrautorität ist das entfernt sogar schlüssig. Aber ein Mensch als Hort der Wahrheit? Das geht nicht, zu viel der Ehre, sagt da der Protestant! Und bestaunt schon mal die prächtig inszenierten Hochämter, ohne sich im nächsten Augenblick nicht schon wieder nach den freisprechenden, fröhlichen Gottesdiensten zu sehnen, von denen er wünscht, dass sie noch immer und immer wieder neu (so der Heilige Geist es will) gelingen. Ja, und dann sind da auch noch die Kirchentage mit weit geöffneten Türen und Ideen und Proben weit über die Zeit hinaus. Und wenn das Besondere dann nicht mehr nur das Außergewöhnliche ist, sondern Aufnahme findet im Programm des Gewöhnlichen, dann könnte es eines gar nicht so fernen Tages dazu führen, dass der Heilige Geist seiner Kirche noch ganz andere Wege weist, die Kostbarkeit seines Schatzes in der Welt bekannt zu machen.

Bausteine für Gottesdienste

Wie wir wurden, was wir sind: EVANGELISCH!
Theaterstück zu den Anfängen der Reformation

Christel Weber

Rollen:
Sohn Jakob
Tochter Magdalena
Vater Heinrich
Mutter Anna
Nachbar Thomas
Nachbarin Annegret
Einwürfe aus dem Publikum
Katharina von Bora
Luther
Tetzel
Stimmen aus dem Volk
Zwei Erzähler/innen aus der Zeit von heute

1. Szene: Die Zeitreise geht los

Erzähler/in 1:
Wir machen heute eine Reise. Mit euch allen! Aber keine gewöhnliche Reise: Wir machen eine *Zeit*reise! Wir wollen mit euch in das Jahr 1517 reisen. Ja, das ist jetzt schwer zu rechnen: wie viele Jahre liegt denn 1517 zurück? Na? *(die Leute ausrechnen lassen)* ... Jahre! Das ist wirklich lang her! Wie sahen die wohl damals aus? Ich meine, was haben die z. B. angehabt? ... Jeans? Piercing? ...
Also, wenn wir jetzt in das Jahr 1517 zurückreisen, dann müssen wir auch rückwärts zählen. Aber erst gut hinsetzen und anschnallen nicht vergessen! Wenn man so durch die Zeit geschleudert wird, da kann's einen schon mal aus der Bahn werfen. Alles klar? Dann geht es jetzt los! Also: alle mitzählen! 10, 9, 8, 7

Erzähler/in 2 kommt dazu.

Erzähler/in 2:
Halt!

Erzähler/in 1:
Was heißt hier: »Halt!«?

Erzähler/in 2:
Warum soll ich in das Jahr 1517 reisen? Haben wir nicht genügend Probleme im Jahr 2..., heute? Frag mal die Leute auf der Straße, was die im Moment interessiert. Ich sag's dir. DAS interessiert sie: Z. B. ob ihr Geld auf der Bank noch sicher ist, ach, ich frag sie einfach mal selbst, was sie im Moment so beschäftigt ... Na also, da hörst du es! Probleme haben wir heute auch genug. Was soll ich im Jahr 1517?

Erzähler/in 1:
Na, da hat die Reformation angefangen!

Erzähler/in 2:
Die Re-re- die ... was für eine Formation?

Erzähler/in 1:
Die Re-for-ma-tiooooon!

Erzähler/in 2:
Was ist denn das schon wieder?

Erzähler/in 1:
Das ist ein Fremdwort. Aber du hattest doch Latein in der Schule!?

Erzähler/in 2:
Reformation ... ach ja, das kommt wahrscheinlich von »reformare«, und das heißt wiederum: verändern, wieder zum Ursprung zurückbringen. Also heißt »Reformation« Veränderung.

Erzähler/in 1:
Sag ich ja!

Erzähler/in 2:
Was?

Erzähler/in 1:
Na ja, dass es eine aufregende Zeit war, 1517. Weil sich so viel verändern musste – so wie heute!

Erzähler/in 2:
So wie heute?

Erzähler/in 1:
Ja, du hast es doch selbst gesagt: dass wir heute eine Menge Probleme haben und vieles verändern müssen. Damals 1517 *hat* sich was verändert. Und daran kannst du sehen, dass man nicht alles nur hinnehmen muss, die Achseln zucken und so. Du kannst zu jeder Zeit etwas ändern, wenn du willst ... aber das wollte ich dir und den anderen eigentlich zeigen auf unserer Zeitreise ...

Erzähler/in 2:
Und warum fängst du nicht an?

Erzähler/in 1:
Na, ich sag jetzt lieber nichts. Also: fangen wir an! *(geht zum Schlagzeug)* Festgeschnallt? O. K.? 10, 9, 8, 7, 6, 5, 4, 3, 2, 1, NUUUULLLLL!

Musik (Schlagzeug und E-Gitarre, erst laut, dann leiser werdend, überblenden mit Renaissancemusik von CD)

2. Szene: Zuhause bei Familie Unruh in Wittenberg

Erzähler/in 2:
Wow! Wir sind im Jahr 1517!

Erzähler/in 1:
Nun komm schon, man darf uns hier nicht sehen. Wir sind nur Zuschauer! *(beide ab auf die Bank vor der Sakristeitür)*

Mutter Anna deckt den Tisch (streng).
Anna:
Magdalena, hilf mir den Tisch zu decken. Mein Gott, siehst du nicht, dass ich alle Hände voll zu tun habe?!

Magdalena hat verträumt an den Kräutern gerochen, summt, und erschrickt jetzt.
Magdalena:
Ja, natürlich, Frau Mutter *(lässt eine Tasse fallen, die zerbricht)*. O nein, Frau Mutter, das wollte ich nicht!

Anna:
(schreit) Du ungeschicktes Kind! Sieh dir das an! Woraus willst du jetzt trinken? Wir haben doch nur fünf Tassen. Und du weißt genau, dass wir kein Geld haben, eine neue zu kaufen. Warte, bis der Vater heimkommt!

Magdalena:
(weint) Es tut mir doch so leid, Frau Mutter! Ich wollte Ihnen keinen Kummer machen!

Anna:
So wirst du nie einen Mann bekommen! Träumst den ganzen Tag durch die Gegend und bist zu nichts zu gebrauchen! Sag: Was hast du eben gemacht?

Magdalena:
Nichts Verbotenes, Frau Mutter! Ich habe nur mein kleines Kräuterbeet bewundert. Hier, Frau Mutter! *(zeigt Rosmarin)* Wissen Sie was? Ich glaube, Rosmarin hilft, wenn man zitternde Hände hat *(macht es vor)*. Ich habe es dem Großvater gegeben, und er sagt, das Zittern ist schon viel weniger geworden *(lächelt)*. Und, Frau Mutter, ich habe das Rosmarin auch der Lise gegeben. Sie wollte es unbedingt haben, weil ich ihr gesagt habe, dass Rosmarin auch hilft bei untreuen Männern. Und ihr Johannes ...

Anna:
Nichts da! Nichts wirst du mehr tun! Und du wirst dein Beet zerstören, ist das klar?! Weißt du denn nicht, in was für eine Gefahr du dich begibst? Wenn Großvater das weitererzählt und die Lise, dann kann es passieren und irgendjemand klagt dich als Hexe an ...

Magdalena:
Frau Mutter, ich bin doch keine Hexe. Das wisst Ihr!

Anna:
Was weiß ich, Magdalena? Ich weiß nur, dass die Zeiten hart sind, und die Menschen nach Schuldigen suchen für ihr Unglück. Annegret, unsere Nachbarin, hat gehört, dass die Pest wieder näher kommt. In Bernau sind an dieser furchtbaren Krankheit schon über 1000 Menschen gestorben. Das ist fast die Hälfte der Menschen, die dort wohnen. Wenn die Pest zu uns kommt – was Gott verhüten möge – dann werden sie auch hier nach Schuldigen suchen ...

Magdalena:
Aber Mutter, bin ich denn schuld, wenn die Pest kommt?! Bin ich schuld, dass wir so arm sind? Bin ich schuld, wenn unsere Nachbarn ihren ganzen Hof, ihr Hab und Gut, dem Grafen von Wittenberg geben müssen, weil sie ihm die Miete nicht mehr bezahlen können?! Aber wenn es nach Ihnen, Frau Mutter, geht, dann bin ich noch selber schuld, dass ich nicht zur Schule gehen kann ...

Anna:
Schweig jetzt, Magdalena, und versündige dich nicht! Niemand weiß, ob nicht der Teufel in der Nähe ist und nach uns greift. Bete, Magdalena, bete zur Jungfrau Maria und allen Heiligen, bete, dass sie dir deine ungehörigen Gedanken vergeben. Bete, dass der Teufel ablässt von dir. Bete, mein Kind!

Magdalena:
Frau Mutter!

Anna:
(schreit) Bete, mein Kind! Und geh endlich!
Magdalena geht schnell ab.

Erzähler/in 2 und Erzähler/in 1 kommen durch den Gang nach vorne.
Erzähler/in 2:
Mann, bin ich froh, dass ich die nicht als Mutter habe. »Frau Mutter!« und »Sie!«

Erzähler/in 1:
Das war ganz normal. Die Kinder hatten viel Respekt vor ihren Eltern ... damals. Sie haben – fast – immer getan, was die Eltern wollten. Ohne Widerrede!

Erzähler/in 2:
Aber die Mutter ist ja völlig durchgedreht! So streng!

Erzähler/in 1:
Ja, streng ist sie. Aber durchgedreht, das glaube ich nicht. Ich glaube, die Mutter hat einfach selbst Angst. Angst um ihre Familie. Angst um Magdalena. Angst vor dieser schrecklichen Krankheit. Wie hieß die noch mal? Pest! Du schreist ja vielleicht auch, wenn du Angst hast, oder?

Erzähler/in 2:
Hm.
(Beide gehen nach vorne rechts zur Sakristeitür, setzen sich da.) Sag mal, gibt es die Pest heute auch noch?

Erzähler/in 1:
Es gibt sie noch, aber ganz selten und nicht bei uns. Und man kann sie mit Medikamenten ganz gut bekämpfen.

Heinrich kommt mit Jakob heim.
Heinrich:
Mahlzeit, meine liebe Frau.

Jakob:
(aufgeregt) Mahlzeit, Frau Mutter. Haben Sie schon gehört?

Anna:
Was, Jakob, mein Sohn, soll ich gehört haben?

Jakob:
Jetzt sagt auch der Thomas von nebenan: Die Sonne dreht sich gar nicht um die Erde. Die Erde soll sich um die Sonne drehen. Wir sind gar nicht der Mittelpunkt des Universums!

Erzähler/in 2:
(laut) Gott sei Dank!

Anna:
Schweig, Jakob! Was du redest, ist Teufelszeug. Die Heilige Kirche verbietet es, so etwas zu sagen! Und du weißt, dass wir über allem der Kirche gehorchen müssen ... Und du, Heinrich, mach mir nicht auch noch mein zweites Kind rebellisch. Wir werden das alles büßen müssen!

Jakob:
Aber, Frau Mutter, vielleicht irrt sich ja die Kirche!

Anna:
Die Heilige Kirche kann sich nicht irren!

Jakob:
Aber Frau Mutter, die Priester und der Papst – das sind doch auch Menschen!

Anna:
Aber, aber ... sie sind nicht wie wir. Sie sind anders! Sie sind Gott näher!

Heinrich:
Jakob, geh nach draußen und lass uns allein! *(Jakob geht)*
Anna, ich bitte dich!

Anna:
Du machst es dir leicht, Heinrich!

Heinrich:
Und du machst es dir auch leicht, Anna!

Anna:
Ich mache es mir leicht?! Ich habe im letzten Jahr ein Kind verloren, die Schafe sind uns ausgerissen, die Rüben sind auf dem Feld verfault – und du sagst, ich mache es mir leicht? Weißt du, was ich denke: Der Priester hatte Recht, als er gesagt hat: Gott will uns wahrscheinlich strafen für irgendetwas Böses, das wir getan haben. Gott ist böse auf uns.

Heinrich:
Aber warum sollte Gott böse auf uns sein? Natürlich: Wir sind keine Engel ...

Anna:
Du hast doch einen Sack Korn versteckt; den hast du dem Grafen nicht gegeben.

Publikum und Sprecher/innen:
7. Gebot: Du sollst nicht stehlen!

Heinrich:
Soll ich meine Familie verhungern lassen?

Anna:
Aber es war Unrecht! Es ist Sünde! Und glaubst du, ich hätte nicht gesehen, wie du der Annegret hinterherschaust?

Publikum und Sprecher/innen:
6. Gebot: Du sollst nicht ehebrechen!
Außerdem: 10. Gebot: Du sollst nicht begehren deines Nächsten Weib, Knecht, Magd, Vieh noch alles, was sein ist.

Anna:
Und du hast über Nachbar Philipp gelästert.

Heinrich:
Er hat auch über mich gelästert.

Publikum und Sprecher/innen:
8. Gebot: Du sollst nicht falsch Zeugnis reden gegen deinen Nächsten.

Anna:
(verzweifelt) Jeden Tag verstößt du gegen die Gebote! Und dann Magdalena mit ihren geheimnisvollen Kräutern, und jetzt kommt auch noch Jakob und will mir erzählen, dass alles falsch ist, was die Kirche uns lehrt? – Heinrich, der Teufel greift nach uns, er reißt schon seinen Rachen auf, ich spüre das .... wir müssen etwas dagegen tun!

Heinrich:
Ist ja gut, Anna! Ist ja schon gut! Du hast ja Recht: Wir schaffen es einfach nicht, Gottes Gebote zu halten ... wir Menschen sind zu schwach ...
(Pause)
Aber ich habe eine Idee!

Lied

3. Szene: Ein Ablassbrief ist das Heilmittel – oder nicht?

Magdalena und Heinrich kommen aus zwei Richtungen und stoßen aufeinander.
Magdalena:
Herr Vater!

Heinrich:
Wo kommst du her, meine Tochter?

Magdalena:
Die Mutter hat mich zur Kirche geschickt. Sie war so außer sich, weil ich mit meinen Kräutern ... na ja ... Ich habe eine ganze Stunde gebetet, zur Jungfrau Maria und allen Heiligen, die ich kenne ... Herr Vater, ich habe schon so viel gebetet, ich habe so viele Kerzen angezündet, ich bin auf den Stufen der Kirche hochgerutscht mit meinen Knien, weil Mutter das wollte. Und Sie, Herr Vater, Sie selbst geben ja auch dem

Priester jede Woche etwas Geld, damit er für uns eine Messe liest und – trotzdem: Die Mutter findet keine Ruhe.

Heinrich:
Sie hat Angst, dass Gott böse auf uns ist.

Magdalena:
(eindringlich) Herr Vater, dann bitten wir Gott um Verzeihung!

Heinrich:
Aber wenn Gott richtig zornig auf uns ist! Sieh dir unsere Stadt an. Diese Welt! Gott hätte sicher Grund, zornig zu sein.

Erzähler/in 1:
(laut von hinten) Das ist wohl wahr!

Magdalena:
Aber Gott ist doch nicht nur zornig. Er liebt uns doch auch! Und er vergibt uns, wenn wir ihm alles ehrlich sagen.

Heinrich:
Aber vielleicht reicht das nicht, Magdalena. Vielleicht will Gott noch mehr von uns! Ein Zeichen unserer Reue! Ein großes Zeichen! Komm mit, Magdalena! Ich habe gehört, ein berühmter Prediger ist ganz in der Nähe. Die Leute strömen von überall her, um ihn zu hören ...

Auf dem Marktplatz. Viele Leute sind schon da bzw. kommen aus dem linken Seitenschiff, in der Mitte ein Podest für den Prediger, daneben ein Aufpasser mit der Geldkiste

Magdalena:
Vater, wie heißt der Prediger? Und wer ist der Mann mit der Truhe daneben?

Heinrich:
(leise) Der Prediger, das ist Johann Tetzel. Er ist von Erzbischof Albrecht zum päpstlichen Generalsubkommissar ernannt worden.

Erzähler/in 2:
(von hinten) Das klingt wichtig!

Tetzel:
(lauernd) Na, wie geht es euch? Kommt! Wie geht es eurem Bauch? Knurrt er, weil er nach dem dünnen Süppchen immer noch so schrecklich leer ist? Oder kneift er, der Bauch? Zwickt er von dem Fleisch, das schon seit Tagen in der Kammer vor sich hingemodert hat? *(schreit)* Dieses Knurren und Zwicken und Kneifen ist nichts gegen das Knurren, Zwicken, Kneifen, das euch in der Hölle erwartet! *(Volk stöhnt)*
Ihr meint, es geht euch hier schlecht, weil ihr in schlechten Kleidern, abgelaufenen Schuhen und Schulden bis zur Halskrause steckt. *(schreit)* Das ist nichts gegen das Elend, das euch in der Hölle erwartet! Hört ihr nicht eure toten Eltern und Großeltern, wie sie schreien aus der Hölle: »Erbarmt euch doch! Erbarmt euch doch unser!« Was steht ihr noch untätig herum? Lauft um das Heil eurer Seelen!

Erzähler/in 2:
(von der Seite) Ich bin auf einmal richtig froh, dass unsere Pfarrerin und unser Pfarrer bei uns predigen und nicht dieser Tetzel.

Heinrich:
Bleib, Magdalena, und hör, was er uns zu sagen hat.

Tetzel:
Wer von euch hat noch nie gesündigt? Wer von euch hat immer getan, was Gott wollte? Ja, warum meldet ihr euch denn nicht? Hat der Teufel euch gepackt? Hat er euch eingewickelt? Dann seid ihr verloren! *(Volk stöhnt)*
Aber, meine lieben Kinder, was denkt ihr denn? Eure Mutter Kirche lässt euch doch nicht im Stich! Könnte Mutter Kirche zusehen, wie ihre Kinder ins Verderben laufen? Niemals!
Darum schenkt sie euch die Vergebung aller eurer Sündenstrafen. Amen. *(Menge klatscht)* Nehmt das hier! Es ist aus dem Schatz der Mutter Kirche. Nehmt diesen Vergebungsbrief! Er ist kostbarer als euer Leben! Er ist ewiger Friede für eure Seelen!

Heinrich:
(greift nach dem Ablassbrief) Ich will einen!

Tetzel:
Aber, aber, mein eiliger Freund! Ihr wollt doch die Vergebung nicht so billig, so einfach, oder? Christus und die Märtyrer haben ihr Blut dafür

gegeben, und du willst nicht einmal ein jämmerliches Almosen für diesen Brief geben?

Heinrich:
Ja, natürlich ... *(kramt in seinem Geldbeutel)*

Magdalena:
Aber Vater!

Tetzel:
Für was begehrst du, mein Freund, wenn ich fragen darf, die Vergebung?

Heinrich:
Dafür, dass ich dem Grafen einen Sack Weizen vorenthalten habe.

Tetzel:
Das macht 2 Dukaten.

Heinrich:
Und dafür, dass ich meinen Nachbarn Philipp verflucht habe.

Tetzel:
Das macht auch 2 Dukaten.

Heinrich:
Und dass ich der Annegret hinterhergeschaut habe ...

Tetzel:
Das macht 5 Dukaten.

Heinrich:
Aber – das sind ja 9 Dukaten!

Magdalena:
Vater, das darfst du nicht machen! Das ist alles, was wir zurückgelegt haben, um neues Saatgut zu kaufen für die Felder. Und du hast auch gesagt, dass ich vielleicht im nächsten Jahr auf die Klosterschule gehen kann ... Wenn du alles ausgibst für diese Vergebungsbriefe, dann geht das nicht – und wir werden verhungern!

Tetzel:
Ach mein Kind! Was ist Verhungern gegen die ewigen Qualen der Hölle?

Magdalena:
(zieht ihren Vater weg) Vater, tue es nicht! Ich flehe dich an! Glaub ihm nicht! Das kann Gott doch nicht wollen!

Heinrich:
(zieht die Hand zurück, sackt in sich zusammen) Es ist doch nur, damit die Mutter endlich Ruhe findet!

Magdalena:
Vater, komm nach Hause. Gott wird einen Weg für unsere Mutter wissen. Für uns alle!

Tetzel:
(ruft aus) Sobald das Geld im Kasten klingt, die Seele aus dem Fegefeuer springt! Sobald das Geld im Kasten klingt ...

Stimmen aus dem Volk:
Ich will einen Vergebungsbrief!
Ich bezahle, was du verlangst!
Für die Sünden meiner verstorbenen Mutter!
Ich will gleich drei Ablassbriefe!

Lied

4. Szene: Martin Luther kommt

Jakob fegt, Heinrich repariert einen Stuhl, Anna näht, Magdalena zupft an ihrem Kräuterbeet.
Nachbar Thomas und Nachbarin Annegret kommen gelaufen.

Thomas:
Schnell, Heinrich!

Annegret:
Schnell, Anna!

Thomas:
Kommt! In der Stadt, da ist was los! Irrsinnig viele Leute sind auf dem Markt.

Heinrich:
Guten Morgen, liebe Nachbarn! Aber es ist nicht Johann Tetzel, oder?

Thomas:
Nein, ich würde im Leben nicht zu diesem raffgierigen Unteroberpolizisten von Erzbischof Albrecht gehen? Du etwa?

Heinrich:
Och ...

Annegret:
Hast du nicht gehört, wohin das Geld geht, das er für die Vergebungsbriefe nimmt?

Anna:
(streng) Es wird für die Heilige Kirche sein!

Thomas:
Meine liebe Anna, es stimmt, zur einen Hälfte geht das Geld nach Rom. Davon soll die größte und schönste Kirche auf der Welt gebaut werden, die Peterskirche. Und wir, die ärmsten Schafe der Kirche, wir bezahlen sie.

Annegret:
Aber da ist ja noch die andere Hälfte. Die teilen sich Johann Tetzel und Erzbischof Albrecht. Der Erzbischof hat nämlich Schulden. Es hat ihm ja nicht gereicht, Erzbischof von Magdeburg zu sein. Er wollte auch noch Erzbischof von Mainz werden. Tja, und weil das eigentlich nicht erlaubt ist, zwei Mal Erzbischof zu werden, kostet das was. Da hat sich Albrecht Geld geliehen bei dem Bankhaus Fugger. Und die wollen natürlich ihr Geld zurückhaben! *(belustigt)* Man erzählt sich, dass neben Johann Tetzel immer einer von dem Bankhaus steht – mit einer Truhe.

Magdalena
(aufgeregt) Den hab ich gesehen!

Anna:
Das ist doch alles gelogen! Niemals würde der Erzbischof so etwas machen! Und der Papst würde es auch nicht zulassen!

Annegret:
Ach, Anna, was glaubst du denn? Der Papst ist auch nur ein Mensch.

Jakob:
Das habe ich auch schon mal gesagt!

Thomas:
Du bist ein kluger Junge, Jakob! Kommt Ihr jetzt mit?

Heinrich, Magdalena, Jakob schicken sich an, mitzukommen. Anna zögert, kommt dann doch mit. Sie gehen zur Sakristeitür hinaus und kommen zum Haupteingang wieder herein. Vorne ist das Volk. Von der Empore regnet es Flugblätter, die vom Volk verteilt werden.

Magdalena:
Was ist das? Wo kommen die ganzen Flugblätter her?

Thomas:
Man kann doch jetzt drucken! Gutenberg hat die Druckmaschine erfunden.

Annegret:
Jetzt müssen wir nur noch alle lesen lernen!

Jakob:
Aber ich kann das auch so lesen!

Magdalena:
Ja, da ist ja ein Bild drauf! Ich verstehe das auch!

Anna:
Es ist eine Unverschämtheit! Seht ihr nicht, da rechts, das soll ja wohl der Papst sein. Er gibt Vergebungsbriefe aus, Ablassbriefe, und zählt Geld, und das mitten in einer Kirche. Das würde Papst Leo nie tun!

Thomas:
Doch, das tut er sogar. Und hast du das Bild links angeschaut?

Jakob:
Der mit dem langen Hemd und den langen Haaren, der sieht aus wie Jesus.

Magdalena:
Und der schmeißt die Händler aus dem Tempel.

Stimme aus Publikum und Sprecher/innen:
»Und das hat Jesus dazu gesagt: Mein Haus soll ein Bethaus sein und keine Räuberhöhle!«

Anna:
Der Papst und seine Bischöfe werden mit Räubern gleichgesetzt! Das ist ungeheuerlich!

Magdalena:
Mutter, wissen Sie eigentlich, dass der Vater unser ganzes Erspartes bei sich trägt?

Anna:
Heinrich?! Aber wofür? *(Heinrich senkt den Kopf)*

Magdalena:
Und wissen Sie auch, Frau Mutter, dass er das ganze Geld beinahe dem Tetzel gegeben hätte, dem Prediger des Erzbischofs Albrecht, damit der sich noch mit einem zweiten Titel schmücken kann und *(jetzt sehr ironisch)* wir wohl verhungern, aber dafür nicht in der Hölle schmoren ...

Anna:
Das hättest du nicht getan, Heinrich, oder?

Magdalena:
Nein, er hat es nicht getan. Gott sei Dank! Ich will ja nur sagen: Mutter, das Flugblatt sagt die Wahrheit.

Thomas:
Ihr habt, liebe Nachbarn, eine kluge Tochter.

Annegret:
Ja! Wollt ihr die nicht zur Schule schicken?

Heinrich:
Schon ...

Thomas:
(aufgeregt) Da vorne, siehst du den? Den etwas dickeren? Das ist Martin Luther!

Erzähler/in 2:
(von der Seite, überrascht) Der Martin Luther? Der sozusagen die evangelische Kirche gegründet hat?

Erzähler/in 1:
(etwas genervt) Ja, der! Was denkst du denn, warum wir heute hier sind?

Erzähler/in 2:
Das hättest du auch gleich sagen können! *(jubelt ihm zu, skandiert, klatscht, fordert die Gemeinde auf, mitzurufen:)* Martin Luther! Martin Luther! Martin Luther!

Thomas:
Er hat vor ein paar Wochen ein Papier mit 95 Sätzen an die Schlosskirche zu Wittenberg gehängt.

Annegret:
Ich glaube, an die anderen Kirchen in der Stadt auch.

Thomas:
Das Papier an der Schlosskirche war leider auf Latein. Aber in der Zwischenzeit sind alle 95 Thesen übersetzt. Die haben hier mächtig Staub aufgewirbelt.

Annegret:
Martin Luther sagt die Wahrheit, genau wie das Flugblatt. Wir sollen Gott fürchten und lieben, aber wir sollen ihm auch vertrauen, dass er uns unsere Sünden vergibt.

Heinrich:
(tonlos) Und keine Ablassbriefe kaufen und das bisschen Ersparte behalten für Essen und Trinken.

Magdalena:
(leise) Und für die Schule.

Annegret:
(zeigt auf den Altar als »Maschine«) Wir sollen aufhören, Gott wie eine Wunschmaschine zu behandeln: Hier werfen wir Geld rein, und da kommt die Vergebung raus. Hier werfen wir ein paar gute Taten rein, und da kommt dann Freundlichkeit raus. Gott ist keine Maschine!

Heinrich:
Was ist Gott denn?

Stimme aus Publikum und Sprecher/innen:
»Gott ist die Liebe – und wer in der Liebe bleibt, der bleibt in Gott und Gott in ihm.«

Anna:
Aber ist Gott nicht furchtbar zornig?

Jakob:
Ja, aber Sie, Frau Mutter, sind ja auch oft zornig, und Sie haben uns doch am Ende lieb.
(Anna zieht Jakob an sich)

Martin Luther:
(steht auf einem Podest) Meine lieben Wittenberger! Ihr habt es gehört, dass man mich in Rom beim Papst verklagt hat, weil ich die Missstände in unserer Kirche kritisiert habe. Es hat mich bekümmert, dass man sagt, wir sollen unser Vertrauen auf Ablassbriefe setzen und nicht auf Christus.
Nun muss ich euch sagen, dass ich, bevor das Evangelium zu mir kam, genauso gedacht habe. Ich meinte auch, ich müsste Gott besänftigen; ich bin sogar ein Mönch geworden und ich wollte wie ein Heiliger werden, damit Gott mich endlich annimmt.
Aber dann kam das Evangelium zu mir, und ich merkte, dass Gott zu denen kommt, die ein erschrockenes Herz haben. Ich habe es in der Bibel viele Male gelesen. Gott ist zu Maria gekommen, sie erschrak, heißt es. Die Engel sind zu den Hirten gekommen, sie sind auch erschrocken. Und dann haben die Engel gesungen: Fürchtet euch nicht! So können wir erkennen, dass Gott zu den Armen kommt, zu denen, die ein erschrockenes und trauriges Herz haben. Sie haben ja nichts als ihr Vertrauen!
Ich bitte euch, meine lieben Wittenberger, vertraut auch ihr Gott, und es wird sich alles verändern. Denn ein aufrichtiges Vertrauen zu Gott ist die größte Freiheit, die wir haben können.
Darum habe ich auch keine Angst vor einem Prozess. Was kann mir ein Mensch tun, wenn ich doch mit Christus verbunden bin?
Sie müssen mir schon nachweisen, dass in der Bibel etwas anderes steht, als ich gesagt habe, dann will ich widerrufen. Wenn sie es mir aber nicht nachweisen können, dann will ich bei dem bleiben, was ich gesagt habe. Dann kann ich nicht anders. Dann helfe mir Gott.

Magdalena:
Toll! Der ist aber mutig, Mutter!

Anna:
Ja, er ist mutiger als ich! Aber du bist auch mutig, meine Magdalena! Du bist auch so eine Freie wie er!

Katharina von Bora:
(im Publikum; steht auf und zeigt auf Luther, ruft laut) Den will ich als Mann. Martin Luther nehme ich und keinen anderen!

Erzähler/in 2:
Wer ist das denn schon wieder?

Erzähler/in 1:
Das ist Katharina von Bora. Sie war erst eine Nonne, und dann hat sie wirklich Martin Luther geheiratet. Sie haben sich sehr geliebt und sechs Kinder bekommen. Er hat gesagt: »Es ist wunderbar, morgens neben zwei Zöpfen aufzuwachen.« Und manchmal hat er auch »Mein Herr Käthe« zu ihr gesagt. Sie war eben eine starke Frau!

Erzähler/in 2:
Und wer sind die andern, die dazwischen gerufen haben?

Erzähler/in 1:
Das ist die Gemeinde! Seit Martin Luther die Bibel ins Deutsche übersetzt hat, kennen sich alle gut aus! Na ja, *ziemlich* gut!

Erzähler/in 2:
Hier dürfen wohl alle dazwischen rufen, was?

Erzähler/in 1:
Ja, das ist eben typisch evangelisch. Hier haben alle was zu sagen.

Unbeschwert?
Was der Radiowecker am Reformationstag predigt

Martin Vogt

In seiner Ursprungsfassung wurde dieser Text als Radioandacht am 31.10.2015 auf WDR 2 gesendet.

»Guten Morgen«, sagte mein Radiowecker. »Aufwachen! Ich wünsch' dir einen unbeschwerten Tag!«

»Was ist?«, fragte ich, noch halb in meinen Träumen.

»Ich wünsch' dir einen unbeschwerten Tag«, wiederholte mein Radiowecker fröhlich.

»Ist ja nett von dir«, stammelte ich, noch immer etwas ungläubig. »Aber wieso kannst du auf einmal sprechen? Und wieso hast du so früh am Morgen schon so entsetzlich gute Laune?«

»Och, gute Laune habe ich öfter. Du merkst es nur nie. Deswegen dachte ich, ich lass' dich heute mal daran teilhaben.«

»Aha.« Ich war mir nicht sicher, ob ich diese Idee gut finden sollte. »Und was soll das mit dem ›unbeschwerten Tag‹?«, fragte ich vorsichtig.

»Na, denk doch mal nach! Was ist denn heute?«

»Öh, 31. Oktober.«

»Und was ist am 31. Oktober?«, fragte mein Wecker.

»Halloween. Na und?«

»Lass mal Halloween beiseite. Was ist denn heute noch?«

»Reformationstag, Herr Lehrer. Kann ich mich jetzt noch mal umdrehen?«

»Nein, bloß nicht! Wenn du dich umdrehst, pennst du wieder ein und der ganze Tag ist im Eimer!«

»Der Tag ist sowieso im Eimer – bei dem Programm, das heute ansteht.« Allein der Gedanke daran machte mich schon ungehalten.

»Wieso?«, fragte mein Radiowecker. »Was steht denn heute an?«

»Mein Chef hat mir einen Sonderdienst 'reingeknallt. Einfach so.«

»Oh. Ich hab mich schon gewundert, warum ich dich heute so früh wecken sollte.«

»Na, dann weißt du ja jetzt Bescheid«, knurrte ich. »Später müssen wir noch zu meinen Schwiegereltern und da kann ich mir wieder anhören, dass ich mehr verdienen müsste und wie toll doch ihr anderer Schwiegersohn ist. Von einem unbeschwerten Tag kann also keine Rede sein!«

»Ich hab' ja nur gemeint«, begann mein Radiowecker vorsichtig. »Weil heute Reformationstag ist.«

»Ach! Und da müssen alle unbeschwert sein? Auf Knopfdruck, oder was?«

»Nein, natürlich nicht. Aber die Sache mit der Reformation hat doch echt was Entlastendes!«

»Wieso?«

»Na ja, das Ganze geht ja los mit Martin Luther.«

»Weiß ich. Soviel hab' ich in der Schule noch mitgekriegt.«

»Schön. Martin Luther hat sich die ganze Zeit gefragt: Wie kriege ich das hin, dass Gott mir gnädig ist?«

»Was ist denn das für 'ne komische Frage?«

»Luther fand die gar nicht komisch. Man hatte ihm beigebracht, dass Gott nur die mag, die Gutes tun. Und Luther hat natürlich in seinem Leben nicht nur Gutes getan. Sondern auch Schlechtes.«

»Na klar«, warf ich ein. »Macht doch jeder!«

»Sicher«, kam es aus Richtung der Leuchtziffern. »Aber es hilft ja nichts, wenn du sagen kannst: Die anderen sind genauso schlecht wie ich. Denn das bedeutet ja nur: Gott wird die meisten Menschen verdammen. Vielleicht sogar alle.«

»Was heißt denn verdammen?«

»Na, in die Hölle schicken.«

»Klingt nicht gut. Aber da glaub ich sowieso nicht dran.«

»Du vielleicht nicht. Aber für Martin Luther und seine Zeitgenossen war das ganz realistisch.«

»Wie? Haben die geglaubt, dass nur Heilige bei Gott 'ne Chance haben?«

»Genau. Und Luther war kein Heiliger, das wusste er.«

»Na ja, ein Heiliger – wer ist das schon?«

»Du jedenfalls nicht!« Es klang, als würde mein Radiowecker genau wissen, wovon er sprach.

»Vielen Dank für die Klarstellung. Ich glaub' trotzdem nicht, dass Gott mich in die Hölle schickt.«

»Das glaub' ich auch nicht«, erwiderte mein Wecker. »Aber das ist ja gerade das Gute an der Reformation. Martin Luther hat nämlich kapiert: Wir müssen Gott gar nicht beeindrucken. Im Gegenteil: Glauben reicht. Glauben, dass Gott uns liebt.«

»Du meinst, das ist wichtiger als gute Taten?«

»Genau! Das unterscheidet Gott eben von den Menschen. Dein Chef und deine Schwiegereltern, die wollen nur Leistung sehen. Aber Gott will nicht deine Leistung. Gott will dein Vertrauen. Und wenn du das kapiert hast, dann kannst du tatsächlich unbeschwert sein! Weil klar ist: Wertvoll und liebenswert bist du auf jeden Fall. Egal, was die anderen sagen.«

»Klingt nicht übel. ›Egal, was die anderen sagen.‹ Ich glaub', ich fühl mich schon besser.«

»Dann ist ja gut, dass wir mal geredet haben« sagte mein Radiowecker. Anschließend schaltete er auf das normale Programm um, und der Tag konnte beginnen.

Luther und Halloween
Anspiel in einem alternativen Gottesdienst zum Reformationstag

Hanno Gerke

Erzähler/in:
Das Presbyterium war besorgt. Was war nur aus dem Reformationstag geworden? Alle redeten nur noch von Halloween! Immer weniger Menschen gingen in die Gottesdienste. Die Älteren sagten, sie trauten sich nicht auf die Straße, weil da furchterregende Jugendliche unterwegs seien, die unbescholtene Bürger erschreckten.
Was war da nur geschehen?
Die Menschen schienen von allen guten Geistern verlassen!
Da konnte nur einer helfen! *Er* höchstpersönlich musste noch einmal kommen, wenn sie auch an die 500 Jahre zurücklag, die Sache mit den Thesen. *(tritt ab)*

Musik aus dem Off: Ein feste Burg ist unser Gott.

Luther: (kommt mit Rucksack, Hammer und langer Schriftrolle mit 95 Thesen durch den Mittelgang):
Puh, früher ist mir das Reisen leichter gefallen. Ist aber auch schon lange her, dass ich das letzte Mal persönlich kommen musste.
Bisher reichten immer meine Schriften. Sind immerhin auch 80 dicke Bände, da haben sie immer das Richtige gefunden.
Aber wenn ich persönlich kommen muss, dann muss es wirklich schlimm sein.
(bleibt steht, kratzt sich am Kopf, nachdenklich)
Ob die wieder Ablassbriefe verkaufen?
So, wo könnten sie denn diesmal hin, meine 95 Thesen? *(sieht sich forschend um, hält die Thesen und den Hammer dabei hoch).*

Musik aus dem Off: Ghostbusters

Jugendliche/r: (in Halloween-Kostüm mit Süßigkeiten-Sack, geht vom Alter aus durch den Mittelgang, begegnet Luther, hält ihm den Sack entgegen):
Süßes, sonst gibt's Saures!

Luther:
Weiche von mir, Satan! Warte nur, gleich bekommst du mein Tintenfass zu spüren! *(kramt in seinem Rucksack)*

Jugendliche/r:
Hey, Mann, bleib mal geschmeidig. Also, gibt's jetzt was Süßes? Ich muss meinen Sack heute noch voll kriegen!

Luther:
Ich habe nichts Süßes. Aber ich habe einen Auftrag! Kannst du mir sagen, wo ich eine geeignete Stelle für meine Thesen finde? Ich möchte sie dort anschlagen, wo sie alle sehen können!

Jugendliche/r:
Hey, Mann, das ist ja noch krasser als Eier an die Wand werfen. Das ist ja voll Sachbeschädigung!
Außerdem, wie bist du denn drauf? Weißt du nicht, was heute für ein Tag ist? Da hat keiner Bock auf irgendwelche Thesen ...

Luther:
Selbstverständlich weiß ich, was heute für ein Tag ist. Es ist der Vorabend von Allerheiligen. Der 31. Oktober.

Jugendliche/r:
Genau, der 31. Oktober. Heute ist Halloween.

Luther:
Wer steht vor Wien?

Jugendliche/r:
Hal – lo – ween!

Luther:
Ich merke schon, ich werde in meine Bibelübersetzung ein paar neue Wörter einarbeiten müssen. Ich habe den Leuten schon zu lange nicht mehr aufs Maul geschaut ...

Jugendliche/r:
Hey, Mann, warum denn gleich aufs Maul hauen? Da bekommt man ja echt Angst!

Luther:
Du brauchst keine Angst zu haben. Als ich in deinem Alter war, da hatte ich auch viel Angst, aber heute nicht mehr.

Jugendliche/r:
Echt? Wovor hattest du denn Angst?

Luther:
Ich hatte Angst vor meinen strengen Eltern. Sie haben mich oft geschlagen, für die kleinsten Kleinigkeiten.

Jugendliche/r:
Meine sind eigentlich ganz o.k. Machen nur manchmal ein bisschen Stress. Dann gibt's Internetverbot. Einmal habe ich sogar Stubenarrest bekommen.

Luther:
Angst vor Sturm und Gewitter. Einmal schlug in meiner Nähe ein Blitz ein. Ich habe trotzdem überlebt und bin ins Kloster gegangen.

Jugendliche/r:
Ach, mein Physiklehrer sagt, wenn man im Auto sitzt, ist das wie ein Faraday'scher Käfig. Da kann einem der Blitz nichts anhaben.

Luther:
Angst vor Gott. »Wie kriege ich einen gnädigen Gott?« Diese Frage hat mich gequält. Ich wäre fast irregeworden daran, dass Gott mich gar nicht lieben kann, so böse wie ich bin.

Jugendliche/r:
Das ist ja krass! Ich weiß zwar nicht so viel über Gott. Reli-Unterricht fällt ziemlich oft aus. Aber unser Pastor hat im Konfiunterricht immer gesagt, dass Gott ganz o.k. sein soll.
Aber seit der Konfirmation war ich nicht mehr in der Kirche.
Hast du denn immer noch so krass Angst vor Gott? Vielleicht solltest du mal zum Therapeuten gehen oder in eine Selbsthilfegruppe.

Luther:
Eines Tages habe ich begriffen: Gott ist anders!
Im Römerbrief habe ich's entdeckt. Beim Apostel Paulus im Brief an die Römer. Warte ...
(holt eine Bibel aus dem Rucksack, schlägt auf und liest)
»So halten wir nun dafür, dass der Mensch gerecht wird ohne des Gesetzes Werke, allein durch den Glauben.« Kapitel 3, Vers 28.

Jugendliche/r:
Hey, du bist echt speziell. Ich geh dann mal weiter. Sonst sind keine Süßigkeiten mehr da. *(dann halblaut zu sich selbst)*
Irgendwie erinnert der mich an einen, von dem der Pastor im Konfiunterricht erzählt hat. Der hatte irgendwas mit Reformhäusern zu tun.
(Luther bleibt im Mittelgang stehen.)

Erzähler/in:
Dr. Martin Luther war ratlos. Es hatte sich viel verändert seit diesem 31. Oktober 1517. Die Kirche muss immer reformiert, verändert werden. Das hatte er selbst mal gesagt.
Es schien so, als hätte man das sehr ernst genommen. Die Angst vor Gott schien jedenfalls ganz verschwunden.
Aber Gott selbst schien auch irgendwie verschwunden.
Konnte er hier überhaupt noch etwas ausrichten, oder sollte er unverrichteter Dinge wieder abreisen? Aber dann fasst er einen Entschluss ...

Luther:
Hier stehe ich, ich kann nicht anders. Gott helfe mir. Amen.

Andacht zum Playmobil-Luther

Ute Haizmann

Nun steht er also neben mir auf meinem Schreibtisch. Martin Luther. Ein Spielzeug-Hersteller macht's möglich. Wo sonst Indianer, Polizisten und Prinzessinnen vom Band gehen, sind im Frühjahr 2015 Luther-Figuren produziert worden. Der kleine Luther, gerade mal siebeneinhalb Zentimeter hoch, war ruckzuck ausverkauft.

Er hält eine Bibel in der Hand. Sein Markenzeichen. Martin Luther war der erste, der die Bibel in normal verständliches Deutsch übersetzt hat. Jeder und jede sollte selbst Bibel lesen können, sich selbst ein Bild machen von dem, was da drin steht. Ungefiltert, unzensiert.

Was steht da über Jesus Christus drin? Wie wird über Gott geredet? Wieso haben Menschen schon in alter Zeit gegen soziale Ungerechtigkeit gewettert und das mit ihrem Glauben begründet? Und was hat das alles mit mir zu tun? Und mit unserem Leben heute?

Luther hat damals, vor 500 Jahren, gemeint: Solchen Fragen sollte man selbst nachgehen können. Eben mit der Bibel in der Hand. Dann kann man immer noch mit anderen diskutieren und fragen »Wie seht ihr das?« und sich weitere Informationen dazu besorgen. Aber vor allem kann man sich eben selbst eine Meinung bilden. Das finde ich wichtig, wenn es darum geht, was ich persönlich glaube und wie ich zu Gott stehe.

Luther hat die Bibel übersetzt. Eine Bibel für normale Leute in normalem Deutsch wollte er. »Dem Volk auf's Maul schauen« hat er das in seiner kräftigen Ausdrucksweise genannt. Nicht Leuten nach dem Mund reden. Aber so reden, dass sie es verstehen können. Nicht über ihre Köpfe hinweg.

Kinderbibeln hat es zu Luthers Zeit übrigens noch nicht gegeben. Aber ich glaube, Luther hätte das eine prima Idee gefunden: einige Geschichten aus der Bibel malen und so nacherzählen, dass Kinder etwas damit anfangen können. Gut, dass es so etwas heute gibt.

Eine Kinderbibel im Kinderzimmer – damit hätte Luther vermutlich noch mehr anfangen können als mit einer kleinen Luther-Figur als Spielzeug. Aber das mit der Bibel in der Hand, glaube ich, hätte ihm gefallen.

Luther soll raten
Briefwechsel mit dem Reformator

Jörg Hirsch

»Lieber Doktor Luther«, so möchte ich den Brief beginnen, den ich dem großen Reformator allzu gern schreiben würde. »Lieber Doktor Luther« – also fingiere ich halt meinen Brief und tue so, als ob das ginge. Als ob der alte Meister irgendwo in Gottes Reich, in einem Winkel der bekanntlich vielen Wohnungen des Hauses Gottes behaglich am Fenster in seinem Ohrensessel säße und Briefe empfangen könnte, um sie dann und wann zu beantworten.

»Lieber Doktor Luther, ich kenne Dich, aber Du kennst mich nicht. So ist das, wenn man berühmt ist. Ich, ein Pfarrer aus dem Badischen, erlaube mir, ein paar Zeilen an Dich zu richten. Nimm es mir nicht übel! Schenke mir ein wenig Deiner Zeit! Du hast ja genug davon in der Ewigkeit.

Weißt Du, wir haben gerade Lutherjubiläum. Nicht schon wieder!, wirst Du jetzt denken. Du hast ja Recht, Deine runden Geburtstage haben wir gebührend gefeiert, die Todestage ebenfalls. Dein 500. Geburtstag liegt schon eine ganze Weile zurück. Aber jetzt! Jetzt feiern wir, wie Du die 95 Thesen an die Tür der Schlosskirche von Wittenberg genagelt hast. Ich wäre zu gern dabei gewesen. Deine Aktion hat die Welt verändert. Das war der Hammer, wenn Du den Ausdruck verzeihst! Heute noch gehört zur Allgemeinbildung zu wissen, wie Du damals die Missstände in der Kirche angeprangert hast. Wie Du richtiggestellt hast, dass man Buße nicht mal eben nebenbei tun kann, vielleicht noch Geld dafür bezahlen, statt echt zu bereuen, und wie Du darauf beharrt hast, das ganze Leben sei eine einzige Buße. Wie Recht Du hattest, verehrter Herr Doktor! Du siehst, wir haben es wirklich nicht vergessen. Es gibt im Übrigen einen Gedenktag dafür, im Herbst, am 31. Oktober. Den Reformationstag.

Auch Dich selbst haben wir nicht vergessen. Die Leute stehen Schlange, um auf der Wartburg Deine Stube zu sehen. Wo Du die Bibel übersetzt hast. Oder Dein schönes Haus in Wittenberg. Lutherreisen zu den Lutherstätten sind bis auf weiteres ausgebucht.

Nun will ich Dir, hochverehrter Doktor Luther, aber nicht nur die erfreulichen Dinge vortragen, ich will Dich auch am Elend unserer Zeit und unserer Kirche teilhaben lassen. Deswegen schreibe ich Dir ja. Unserer evangelischen Kirche geht irgendwie die Luft aus. Ich weiß auch nicht genau, woran es liegt, aber wir verlieren an Substanz und an Relevanz. Viele Menschen verlassen uns und treten aus der Kirche aus. Bei den Gottesdiensten bleiben die Bänke leer. Kaum einer will mehr hören, was wir zu sagen haben. Das Wort stand bei Dir noch in der Mitte. Ist es nicht so? Ein Wörtlein kann ihn, den Teufel, fällen, hast du gedichtet. Wir haben keine solchen Gegner mehr, aber leider auch keine richtige Sehnsucht mehr nach dem Wort, dem rechten und erlösenden. Alles ist ein bisschen belanglos geworden. Vielleicht kannst Du mir aus der Tiefe Deiner Weisheit und mit Deinem reichen Schatz an Erfahrung etwas raten. Was soll nur aus der evangelischen Kirche werden? Wohin sollen wir gehen? Ich weiß es nicht. Was könnten wir tun, um wieder mehr Gehör zu finden bei den Menschen? Über eine Antwort würde sich sehr freuen, der mit bewundernder Hochachtung verbleibende Pfarrer J. H.«

Luther antwortet:
»Gnade und Friede in Christo, unserem Herrn zuvor. Liebes Pfarrerlein, ich habe Deinen Brief erhalten. Desgleichen betrachte ich euer Treiben auf Erden wohl und schaue fein zu bei eurem Wirken. Allein, nicht mehr als Beteiligter, was bin ich – Gott sei es gedankt – dessen froh, sondern mit recht viel Abstand und gewissermaßen aus höherer Warte sehe ich euch zu. Auch all die Spirantia, die ihr um mich armen Bettelsack vollführet, sind mir nicht entgangen. Item, hättet ihr nur genauer gelesen, was ich einst geschrieben, dass keiner sich meines elenden Namens rühmen soll! Aber da seid ihr halsstarriger und eigensinniger als irgendein böser Bauer oder Weib, ja härter als irgendein Amboss noch Eisen ist. Luther, wer ist Luther? Rühmet euch des heiligen Namens Jesu Christi, der mit seinem edlen Blut euch reingewaschen hat. Und wenn schon, lest den Apostel Paulum, erinnert euch des Mosis, wenn ihr wollt, aber nicht meiner.
Was nun das Zagen und Klagen angeht, und dass ihr Sorge traget in

euren Herzen um die Kirche, die doch eine Errichtung des Herrn ist, und dass ihr nicht wisset, wo hü und wo hott, so scheint es mir so zu sein: Euch dünkt, ihr müsstet Erde kauen und Steine schlucken, und ist doch nichts als süßer Brei! Ihr müsst nicht fechten wider den Papst wie unsereiner, kämpfen gegen Hölle, Pest, Mord und Götzerei. Ihr solltet vielmehr danken für eure Freiheit! Und ihr solltet viel mehr Christum treiben bei euch, der doch der süßesten Speisen köstlichste ist. Grämt euch nicht so viel! Schaut auf ihn! Mehr habe ich nicht zu sagen. Auch muss ich schließen, denn der Briefe sind gar viele noch zu beantworten. Mit eigener Hand zu Papier gebracht von Martinus Luther.«

»Verehrter Doktor, lieber Martin Luther«, so meine Antwort, »Deine Zeilen haben mich nachdenklich gemacht, und im Übrigen nicht gerade befriedigt. Ich hatte mir aus dem Fundus Deiner Weisheit und reformatorischen Erfahrung etwas konkretere Ratschläge erwartet. Dass wir ›Christum treiben‹ sollen, wie Du es nennst, weiß ich auch. Aber was heißt denn das? Uns fehlen irgendwie die Ideen, der Anreiz und Ansporn. Ich erlaube mir, auf weitere Nachricht zu warten. Herzliche Grüße aus dem Gebiet der Kurpfalz.«

Luther antwortet ein zweites Mal und schreibt zurück:
»Gnade und Fried' im Herrn! Lieber Collega und mit Dir alle Brüder und Schwestern in Christo. Solange ihr noch solche Fragen habt, seid ihr immerhin noch nicht tot und kalt. Der Glaube ist immer im Werden und Wachsen, kein fertiges Sein. Ruhe gibt es für einen Christenmenschen nicht, aber Übung. So einer sagt: ich hab's, lügt er sich eins in den Beutel.
Nichtsdestoweniger ist Deine Frage ein wenig einfältig. Du fragst mich, was ihr tun sollt als Kirche Jesu Christi. Das kann ich euch genau sagen: auf sein Wort hören, wie es aufgeschrieben ist in der Heiligen Schrift, und solches halten, wie ihr's lest. Schärft eure Waffen gegen Unglauben und Verdrossenheit in eurer Mitte. Deren gibt es wahrlich genug. Das war zu meiner Zeit nicht anders. Und meint bloß nicht, das ginge ohne Schwierigkeiten und ohne Streit, ganz bequem, so dass keiner sich die Zähne zusammenbeißen müsste und sich anstrengen. ‚Alles ist so belanglos', wenn ich so was schon höre! Der Herr Christ ließ solches seinen Jüngern zu Ohren kommen, ihr könnt es nachlesen bei Mathaei im 10.: ›Ihr sollt nicht meinen, dass ich gekommen bin,

Frieden zu bringen auf die Erde. Ich bin nicht gekommen, Frieden zu bringen, sondern das Schwert.‹ Das Schwert des Wortes freilich, will ich meinen. Ihr könnt das alles nachlesen im Evangelio, ihr nachgeborenen Christen. Seid nicht so harmonieselig. So feig und träg. Streitet euch mal um der Sache willen. Was haben wir gestritten damals, wenn ich daran denke, mit den päpstlichen Theologen und Abgesandten und auch mit den eigenen Kollegen. Die waren mitunter noch schlimmer. Aber der schlimmste ist der Teufel. Dass der nicht mehr bei euch zu Gange sein mag, das will ich nicht glauben, der Satanos als der Trägheitsteufel, Langeweileteufel, Egoismusteufel, Besitzteufel, Vergnügungsteufel, Unruheteufel, wie er auch heißen mag und wo er auftreten mag, euch zu versuchen.
Gebraucht das Schwert! Nicht, um zu verstümmeln, da sei Gott vor, aber um zu schneiden, um zu zertrennen, was gut ist und was schlecht. Was der Sache Gottes dient und was nicht. Das schreibe ich euch. Es muss genügen. Lebt wohl und seid starke Verächter des Satans! Denkt daran, gekreuzigt wurde einer, der Triumphator in Israel, sein Sieg ist auch eurer. Eines Tages wird das alle Welt erkennen. Gott befohlen, Martinus Luther.«

»Lieber verehrter Meister, es ist gewiss nicht recht, Dich hochberühmten Mann noch einmal zu behelligen«, so wende ich mich zum dritten Mal an den Wittenberger Doktor. Kämpferischer sollen wir sein, schreibst Du. Ja, schon! Du lebtest in der Zeit von Bauernkrieg und Türkensturm und anderen Schlachten. Die Leere und die Oberflächlichkeit unserer Tage kanntest Du nicht, so wenig wie die Erschöpfung, die aus Überreizung folgt. All das war Dir fremd. Das sehe ich wohl und lese es aus Deinen Zeilen. Vielleicht kannst Du mir einen abschließenden Rat geben, wie wir wieder etwas reformatorischen Schwung bekommen können? Wie immer Dein ergebener Freund aus dem Badnerland.«

»Gnade und Frieden! Es ist wahr, was Du schreibst, mein Bester, Leere und lange Weile habe ich nicht gekannt, aber was glaubst Du, wie vertraut mir der Unglaube gewesen ist! Ha! Dem Magister Philippo Melanchthon, einem Landsmanne von Dir, habe ich eigenhändig geschrieben, höre nur und lies: Ich hasse von Herzen die großen Sorgen, von denen Du, wie Du schreibst, verzehrt wirst. Dass sie Dein Herz so be-

herrschen, daran ist nicht die Größe der Gefahr, sondern die Größe unseres Unglaubens schuld.
So schrieb ich, es ist wohl wahr. Höret und betet ohn' Unterlass! Hört nicht auf zu beten! Haltet Meditationes, wo ihr könnt, Gottesdienste! Habt Vertrauen, Gott wird nicht von euch lassen! Ihr seid ja versiegelt mit Tauf' und Sakrament. Mehr hab ich nicht zu sagen. Doch will ich Dich lesen lassen, was ich meiner lieben Frau Katherin Lutherin von Bora zu Wittenberg verfasset hab über das unnötige Sorgen und rechte Vertrauen. ›Was sorgst Du Dich für Deinen Gott? Grad als wäre er nicht allmächtig, der da könnte zehn Doktor Martinus schaffen, wo der alte ersöffe in der Saale oder im Ofenloch oder auf Wolfs Vogelherd. Lass mich in Frieden mit Deiner Sorge, ich habe einen besseren Sorger, denn Du und alle Engel sind. Der liegt in der Krippe, aber sitzt gleichwohl zur rechten Hand Gottes, des allmächtigen Vaters. Bete Du und lass Gott sorgen. Wirf Dein Anliegen auf den Herrn, der sorgt für dich. Hiermit Gott befohlen. Gerne wollten wir erlöst sein und heimfahren, wenn Gott es wollte. Amen. Amen. Amen. Eurer Heiligen williger Diener. Martinus Luther‹.«

Diese letzten Zeilen sind echt und stammen aus Luthers Brief an seine Frau, geschrieben acht Tage vor seinem Tod am 18. Februar 1546 in seinem Geburtsort Eisleben. Mit diesen Zeilen will ich meinen erfundenen Briefwechsel mit dem Reformator beschließen. Dass wir sein Werk feiern, darf einhergehen mit einer Rückbesinnung auf die Stärken der Reformationszeit, nämlich kämpferisch zu sein für die eigene Glaubensüberzeugung, das heißt, sich trauen, die Überzeugung nicht nur zu zeigen, sondern für sie in der Öffentlichkeit einzustehen. Sodann aus Gottvertrauen leben. Kaum jemand hatte so eine innige Rückbindung an die Kraft Gottes, die er empfing, wie Luther. Er konnte stundenlang beten und fand dennoch oder gerade deswegen Zeit für sein immenses Lebenswerk. In glaubensschwachen Zeiten auf Gottes Wort hören und mutig danach leben. Dazu braucht es gar keinen Briefwechsel mit Luther. Die wachgehaltene Erinnerung an die Reformation reicht vollkommen.

Ich bin dein und du bist mein
Liedpredigt über »Nun freut euch, lieben Christen g'mein«

Wolfgang Max

Strophe 1–3 singen

Das Lied »Nun freut euch, lieben Christen g'mein« ist das zweite von Martin Luthers Liedern. Erschienen ist es im Jahr 1523 auf einem Flugblatt. Flugblätter waren wichtig für die Verbreitung der Reformation. Rasch gelangten sie von Wittenberg nach Straßburg und auf einem der Wege von da lag Pforzheim. Durch Pforzheim ging die wichtige Handelsstraße Nürnberg – Straßburg. Man weiß, dass 1522 in Pforzheim ein Franziskanermönch evangelisch gepredigt hat. So kann man sich gut vorstellen, dass man hier bereits 1523 Flugblätter mit unserem Lied in Händen hielt.

Das erste Lutherlied war ein Märtyrerlied, gedichtet in Reaktion auf den Tod zweier junger Augustinermönche. Sie wurden am 1. Juli 1523 wegen ihres Bekenntnisses zu Luthers Lehre auf dem Brüsseler Marktplatz öffentlich verbrannt.
Das Lied »Nun freut euch, lieben Christen g'mein« ist auch als Reaktion auf den Tod der ersten Märtyrer der Reformation entstanden. Luther befasst sich mit deren Schicksal, er geht um mit der Frage, ob sie etwa von Christus verlassen worden seien. Ihr Tod könnte ja eine Strafe Gottes sein für ihre reformatorischen Gedanken. Aber er hört für sie und für sich selbst und für alle anderen, die in Not und Tod sind, wie Christus spricht: »Denn ich bin dein und du bist mein, und wo ich bleib, da sollst du sein.«

Völlig fern sind ihm alle Rache- und Vergeltungsgedanken: »Nun freut euch lieben Christen g'mein.« Luther macht zum Thema, was tröstet, was aufrichtet, was fröhlich springen, was mit Lust und Liebe singen lässt, was zum Leben und auch zum Sterben hilft. »Das laß ich Dir zur Letze.« So lautet der letzte Satz. »Letze« kann sowohl Abschied als auch Labung heißen.

»Denn ich bin dein und du bist mein, und wo ich bleib, da sollst du sein.«
Christi Zusage ist Trost im Sterben und Ermutigung zum Leben. Er sagt: »Ich gehe hin, euch die Stätte zu bereiten, damit ihr seid, wo ich bin.« Er sagt auch: »Siehe, ich bin bei euch alle Tage.«
Der Liederdichter ist auch der Schöpfer der Melodie. Sie entsteht in Anlehnung an die Melodie eines Liebesliedes und hat den Rhythmus eines Tanzes. Was lässt Luther dieses Stilmittel wählen? Manche sagen, er bediene sich der Liebes- und Tanzmelodie um der Popularisierung seiner Gedanken willen. Über die ›Pop-Melodie‹ erreicht er die Leute. Aber hinter der Melodie steckt mehr: Es ist ihm in seinem Inneren zum Springen und Tanzen und Lieben.
Es gab etwas, was Luther aus tiefer innerer Not half. Luther hat für diese Not die Namen Teufel, Sünde, Tod. Ich will versuchen, das in unsere Zeit zu übersetzen:
Teufel ist, was sich zwischen den Menschen und Gott schiebt, was den Menschen so sehr gefangen, so sehr in Beschlag nimmt, dass er Gottes Güte nicht glauben kann. Teufel ist, was das Denken und Empfinden verwirrt, was zu teuflischen Taten verleitet. Terrorismus ist ein Extrembeispiel für diese Sache. Es kann jedoch auch mein und dein Problem sein: dass wir Gottes Güte nicht sehen können, und nicht gütig sein können.
Sünde steht für Isolation, für Einsamkeit, für Trennung zwischen Gott und Mensch und von Mensch und Mitmensch. Sie hat eine aktive und eine passive Seite. Die aktive Seite: trotziges Nein Gott gegenüber. Die passive: dass wir nicht vertrauen können.
Der *Tod* ist letzter Ausdruck der Isolation, der Vereinzelung des Menschen. Tod steht für absolute Kälte.

Teufel, Sünde, Tod. Luther fasst das in dem Ausdruck »Elend« zusammen. »Elend« meint in der damaligen Sprache Ausland, Fremde. Martin Luther wollte nicht für sich bleiben. Nicht im Leben und nicht im Tod. Er wollte Gott finden. Den gnädigen Gott, den Gott, der Gemeinschaft gewährt. Er wurde zu einem Suchenden. Er wurde zu einem – wie man heute sagen würde – spirituellen Menschen.
Aber die Methoden, die man ihm damals anbot – sie halfen nichts. »Mein guten Werk, die galten nicht.« Kloster, Fasten, Wachen, Schriftstudium, Übungen zur Gottesliebe – es half nicht weiter.

Spirituelle Suche als Bemühung, das Elend, die Isolation zu überwinden – es half alles nichts. Es verstärkte die Verzweiflung.
Die Veränderung kam von außen. Und das ist es, was ihn in seinem Inneren anrührt zum Springen und Tanzen und Lieben.
»Da jammert Gott in Ewigkeit mein Elend übermaßen …«

Strophe 4–9 singen

»Gott wandt zu mir das Vaterherz«. Gott tritt in Christus aus der Verborgenheit heraus, »er kommt ins Elend her zu mir« und macht sich mir solidarisch in Christus. In Christus gelingt die Integration in die Gottesgemeinschaft.
In zwei starken Bildern drückt ML die Gemeinschaft mit Christus aus: im Bild des Bruders. »Er sollt mein Bruder werden.« Christus legt die Hand auf deine Schulter und sagt dir: Ich, Christus, dein Bruder, stehe dir bei.
Das andere Bild von der Gemeinschaft mit Christus ist das von Braut und Bräutigam: »Ich bin dein. Und du bist mein. Und wo ich bleib, da sollst du sein«
Was sind das für Worte? Es ist die Sprache Liebender. Sie versprechen sich: Wir gehören zusammen, wir bleiben beieinander. Wir gehen miteinander durch dick und dünn. Und mehr noch: Wenn ich meine gute Bleibe gefunden habe, dann soll es auch deine Bleibe sein.

Stellen Sie sich ein großes, gemaltes Herz vor, in dem diese Worte stehen: »Ich bin dein …«
Der ewige, geheimnisvolle Gott tritt in Christus aus der Verborgenheit heraus in eine geschwisterliche Güter- und eine partnerschaftliche Schicksalsgemeinschaft mit mir. Meine Schmerzen werden seine Schmerzen. Meine Angst wird seine Angst. Meine Schuld wird seine Schuld, mein Tod sein Tod. Christi Gemeinschaft mit Gott wird meine Gemeinschaft mit Gott und sein Leben mein Leben.
»Da bist du selig worden.« Die beglückende Seligkeit gewinnt Raum und findet Ausdruck, wird angeeignet und eingeübt im Singen und Springen.
Das Wort Christi: »Du bist mein und ich bin dein« eröffnet den Brautreigen. Und wir sind eingeladen, uns einzureihen »zu Gottes Lob und Ehren.«

Luther spricht
Predigt zum Reformationsgedenken an Allerheiligen

Peter Remy

Liebe Gemeinde zu Alsfeld, es ist noch gar nicht so lange her, dass ich hier bei euch war. Es war erst im Sommer letzten Jahres, als ihr hier den Abschnitt eines Pilgerweges eröffnet habt. Einen Pilgerweg, den ihr ausgerechnet nach mir benannt habt: »Lutherweg«! Dem Herrgott habe ich dann gesagt: »Ich bin dann mal weg! Ich muss zu denen nach Alsfeld, bevor da was schief läuft mit der Pilgerei …«
Ich hab dann gesehen, dass ihr das mit dem Pilgern anders meint und macht – nicht mehr wie das »elende Geläuf«, mit denen die Papisten zu meiner Zeit das gemeine Volk zu religiösen Höchstleistungen aufforderten, um sich die Gnade Gottes zu verdienen. Gottes Gnade verdienen – wie sie allen Ernstes meinten in ihrer gnadenlosen Selbstüberschätzung, in ihrer Sklavenmoral, mit der sie das Volk knechteten und niederhielten. Wer von uns könnte sich die Gnade Gottes verdienen? Leben können wir aus ihr!

Nun, ich will nicht abschweifen. Denn heute bin ich wieder aus einem bestimmten Anlass zu euch gekommen. Vielleicht denkt der Eine oder die Andere von euch jetzt: »Ja, o.k. Schön, dass du da bist, Luther. Aber du bist einen Tag zu spät. Gestern war doch Reformationstag!« Ich weiß, warum ich *heute* hier bin. Zum einen, weil ich über die Bezeichnung »Reformationstag« nur lachen kann! Als ob man die Sache, um die es mir damals ging und immer noch geht, an *einem* Tag abhandeln könnte. Gut, ich hab gehört, 2017 wollt ihr es immerhin auf ein ganzes Jahr ausdehnen – da kommen wir der Sache schon näher! Mir hat jedenfalls ein ganzes Leben nicht gereicht, um meiner geliebten Kirche näherzubringen, was das heißt: »Reformation an Haupt und Gliedern.« Es heißt bestimmt nicht: öfter mal was Neues! Das vermeintlich Alte über den Haufen werfen. »Es juckt den Leuten die Nase nach Neuerungen. Das war schon zu meiner Zeit so. Unsere Natur ist so, dass wir allezeit etwas Neues haben wollen und nicht mit der überlieferten und empfangenen Lehre zufrieden sind. So ist die Tür nach hinten und vorne offen, dass der Teufel einen freien Zutritt hat und allerlei Irrtum einführen kann.« (zit. bei Aland, Lutherlexikon 980.981). Übrigens: alles, was ich heute hier sage, habe ich so auch aufgeschrieben damals vor 500 Jahren zur Zeit der Reformation.

Eigentlich müsstet ihr nur auf dieses Wort achten, um zu wissen, worum es mir geht: »Re-Formation«. »Re«, das heißt »zurück« und »formare« heißt »formen, gestalten« Einen früheren, besseren Zustand wiederherstellen, darum ging es mir damals, und das ist heute nicht anders. Dass wir uns besinnen auf das, was zählt, auf das, was trägt und hält. Die Neuerungen sind es jedenfalls selten. »Besonders müssen wir uns als Deutsche dieses Fehlers beschuldigen, denn wir sind immer nach Neuem aus. Wir fangen vieles an, führen es aber nicht durch bis zum Ende ... so unbeständig ist des Menschen Herz. Also gib Acht nicht auf den Anfang, sondern auf das Ende. Siehe zu, dass du durchhältst! Wenn schon ein Dichter sagt: Seid beständig und haltet aus im Glück – wieviel mehr sollten dann die Christen sich untereinander zur Beständigkeit ermahnen« (a. a. O. 104 f.).
Halte, was du hast, dass niemand deine Krone nehme!, so sagt uns der Seher Johannes in seiner Offenbarung (3,11). Er meint die Krone der Gnade, mit der Christus auch den einfachen Mann zu einem König macht. »Unter diesem Herrn bist auch du reich und selig genug, dass auch kein Kaiser mehr haben kann als du!« (a. a. O. 1286)
Wenn du daraus lebst, dann weißt du, was Reformation ist, nicht nur an einem Tag, sondern an allen Tagen deines Lebens. Bleibe bei dieser Lehre, dann wirst du selber neu und musst nicht von einer Neuerung zur andern springen – das hat keinen Segen.
Nun bin ich aber noch eine weitere Erklärung schuldig, warum ich heute zu euch komme und nicht gestern an dem Tag, den ihr den Reformationstag nennt. Damals, vor bald 500 Jahren, habe ich meine 95 Thesen ganz bewusst am Vorabend des Allerheiligentages bekannt gemacht, ans schwarze Brett geschlagen an der Schlosskirche zu Wittenberg. Es ging mir dabei um diesen Tag, den Tag danach, der ja nach biblischer Zählung, wie ihr vielleicht wisst, immer schon am Abend zuvor anfängt: »Da wurde aus Abend und Morgen der neue Tag«, so heißt es in der Schöpfungsgeschichte bei Mose.
»Allerheiligen« also ist der Tag, an dem ich zeigen wollte, wie weit die

Kirche die Lehren der Schrift verlassen hat, des Papsttums Neuerer, könnte man wohl auch sagen: »Sie machten die Heiligen zu Götzen, einen jeden mit besonderer Kraft und Macht, einem übers Feuer, diesem über Wasser, diesem über Pastillen, Fieber und allerlei Plage, so als ob Gott selbst ganz müßig sei und die Heiligen anstatt seiner wirken.« So gewöhnten sich die Leute, mehr Zuversicht auf die Heiligen zu setzen als auf Christus selbst. Ich sage euch: »Abgötterei besteht nicht allein darin, dass man sich ein Bild aufrichtet und anbetet, sondern vornehmlich im Herzen, welches Hilfe und Trost bei Kreaturen und bei Heiligen sucht« (a. a. O.. 11) statt dort, wo alleine sie zu finden sind: bei Christus.

»Allerheiligen« nannten sie diesen Tag. Wollten wir den Namen mit der Schrift verstehen und nicht gegen sie, so sagt er uns: »Christliche Heiligkeit ist die, wenn der Heilige Geist den Leuten Glauben an Christus gibt und sie dadurch heiligt; d. h. er macht das Herz, Seele, Leib, Werk und Wesen neu und schreibt die Gebote nicht auf steinerne Tafeln, sondern in fleischliche Herzen« (a. a. O.. 686). »Gottes Wort ist der Schatz, der alle Dinge heilig macht. Zu welcher Stunde man nun Gottes Wort handelt, predigt, hört, liest oder bedenkt, so wird dadurch Person, Tag und Werk geheiligt, um des Wortes willen, das uns alle zu Heiligen macht« (a. a. O. 1255).

So und nicht anders sind wir alle Heilige, die »Gemeinschaft der Heiligen«, gerecht und Sünder zugleich, simul iusti et peccatores, wie es in unserem Kirchenlatein hieß. Als Mönch dachte ich einmal ganz anders. Ich war zerrissen und angefochten, versuchte das Seelenheil zu gewinnen, wie man es uns gelehrt hatte. »Wir waren in dem Wahn, wir könnten nicht beten und würden nicht erhört, wenn wir nicht ganz rein und ohne Sünde wären. So war ich im Mönchtum ein Wollender und Laufender, aber ich kam je länger je weiter davon [vom Ziel] ..., denn ich kannte Christus nicht anders als einen strengen Richter, vor dem ich fliehen wollte und doch nicht fliehen konnte. Ich hasste das Wort Gerechtigkeit Gottes, weil ich es nach dem Sinn der Doktoren und Philosophen verstand als Gerechtigkeit, wodurch Gott gerecht ist und die Sünde der Ungerechten straft ... So raste ich mit einem wilden und erregten Gewissen und klopfte bei Paulus an, was er denn eigentlich meine, wenn er sagt: Darin wird offenbart die Gerechtigkeit, die vor Gott gilt, welche kommt aus Glauben, wie geschrieben steht: Der Gerechte wird aus Glauben leben (Römer 1,17). Da begann ich zu verstehen, dass hier die Gerechtigkeit Gottes gemeint sei, wodurch der Christ durch das Geschenk Gottes lebt, nämlich aus dem Glauben – eine Gerechtigkeit, wodurch uns der barmherzige Gott durch den Glauben gerecht macht. Als ich das erkannte, da hatte ich das Gefühl, dass ich von neuem geboren sei und durch die geöffneten Tore ins Paradies selbst eingehe. Da zeigte mir sofort die ganze Schrift ein anderes Gesicht. Wie sehr ich die Vokabel Gerechtigkeit Gottes vorher hasste, so pries ich sie nun mit großer Liebe als das mir süßeste Wort.« (Martin Luther, WA 54, 185,14–186,16)

Gott macht gerecht durch den Glauben, dich und mich und alle, die ihm glauben und vertrauen. So sind wir die Gemeinschaft der Heiligen. Die erste meiner 95 Thesen sagt darum im Grunde alles: »Als unser Herr und Meister Jesus Christus sagte: ›Tut Buße, denn das Himmelreich ist nahe herbeigekommen‹, wollte er, dass das ganze Leben der Glaubenden Buße sei.«

»Buße« nun aber nicht so verstanden, dass wir zerknirscht auf den Knien zum Altar rutschen, die Heiligen um Fürbitte anrufen und allerlei Händel mit Gott führen um Ablass unserer Sünden. Sondern Buße in der Erkenntnis, dass wir ohne Christus nichts tun können. »Mit unsrer Macht ist nichts getan, wir sind gar bald verloren, es streit für uns der rechte Mann, den Gott hat selbst erkoren. Fragst du, wer der ist, er heißt Jesus Christ« (EG 362, 2). Buße heißt Umkehr zu Christus, Erneuerung unseres Sinnes aus dem Geschenk seiner Gnade heraus. Mit unsrer Macht ist nichts getan – aber in unserm Tun wird seine Macht am Werke sein, wo wir aus Glauben leben.

Vielleicht, liebe Alsfelder, erwartet ihr, dass ich jetzt noch etwas sage zum Flüchtlingsthema oder gar zur Politik. Im Grunde habe ich alles schon gesagt. Ihr wisst es. Vielleicht nur noch dies: Denkt nicht zu hoch von euch und nicht zu niedrig von den andern. Und vergesst nicht: »Die Welt kann nicht nach dem Evangelium regiert werden« (Aland, Lutherlexikon, 993). Aber Gott sitzt im Regiment.

Was hätte Luther zur Finanzkrise gesagt?

Peter Remy

Was hätte wohl Luther zum Euro gesagt? Nein, es folgt jetzt nicht die übliche moralische Empörung gegen die Mächtigen der Finanzwelt, die man so oft unter uns hört. Angesichts der weltweiten Finanzkrise wird ja mittlerweile jedem Talkshowkonsumenten die ökonomische Kompetenz zugemessen, hier ein schnelles Urteil zu fällen und zu wissen, wo die Schuldigen sitzen. Ich traue mir kein Urteil über die komplexen Ursachen der Krise zu außer dem Bekenntnis, dass die Gier und die Verführbarkeit meines Herzens sicher nicht kleiner sind als die der Finanzmanager von Großbanken. Wozu wir als Christen berufen sind, ist auch nicht die Empörung über andere, nicht die Fortsetzung der Talkshow mit geistlichen Mitteln, sondern unser Auftrag ist die Verkündigung des Evangeliums, der frohen Botschaft vom gnädigen und barmherzigen Gott. Darum soll es auch in dieser Andacht gehen. Also noch einmal die Frage vom Anfang: Was hätte wohl Luther zum Euro gesagt? Wohl dasselbe, was er zu seiner Zeit zum Gulden gesagt hat.

Z. B. dies: »*Gold und Silber, Geld und Gut stiften viel Böses unter den Leuten. Soll man darum solches alles wegwerfen? Nein, wahrlich nicht! Ja, wenn wir unseren nächsten Feind vertreiben wollten, der uns am allerschädlichsten ist, so müssten wir uns selbst vertreiben und töten. Denn wir haben keinen schädlicheren Feind als unser eigenes Herz.*«

Aland, Lutherlexikon 232

Oder auch dies: »*Unser Herrgott hat alles zum Genuss und Gebrauch gegeben, nicht aber zur Anbetung und zur religiösen Verehrung. Darum gebrauche das Brot, den Wein, die Kleidung, den Besitz, das Geld, doch setze nicht dein Vertrauen darauf und rühme dich nicht dessen. Denn rühmen soll man sich allein Gottes und auf ihn vertrauen. Ihm allein gebührt die Liebe, die Furcht und die Verehrung.*«

A. a. O.

Mit dem Geld fing sie an, die Reformation durch Martin Luther. Dies festzustellen ist keine Übertreibung. Ein Blick in die Geschichte genügt. Es war Papst Leo X., der die Peterskirche in Rom prächtig ausbauen und erneuern wollte. Um dieses Vorhaben zu finanzieren, schrieb er einen »großen Ablass« aus. Erzbischof Albrecht von Mainz übernahm den Vertrieb des Ablasshandels für Deutschland und durfte dafür die Hälfte der Einnahmen zur Begleichung seiner großen Schulden beim Bankhaus Fugger in Augsburg behalten.
Wer vom gemeinen Kirchenvolk einen Beitrag zum Bau der Peterskirche leistete, bekam auf einem Ablasszettel die Versicherung des Papstes, dass ihm die zeitlichen Strafen für seine Sünden – auch im Fegefeuer – erlassen seien. So zogen denn viele Ablasshändler durch Deutschland und warben für die Ablasszettel. Einer der eifrigsten unter ihnen war der Mönch Johann Tetzel, der wohl mit besonderem Geschick und Überzeugungskraft seine Ablasszettel anpries, so dass die Leute glaubten, was er behauptete: »Sobald das Geld im Kasten klingt, die Seele aus dem Fegefeuer springt!«
Der Landesherr Luthers und Kurfürst von Sachsen, Friedrich der Weise, untersagte den Ablasshändlern das Auftreten in seinem Land. So zog Tetzel nach Jüterbog dicht an die Grenze Sachsens. Viele Menschen, auch Studenten Luthers, kamen dorthin und kauften Ablasszettel. Dies hatte zur Folge, dass sie sich nicht mehr zur Buße rufen ließen, sondern sich auf den Ablass beriefen. Luther konnte dazu nicht schweigen: Er predigte gegen den Ablasshandel und führte Klage bei den Bischöfen. Doch dies alles half nichts. Da entschloss er sich zu einem außerordentlich kühnen Schritt. Am 31. Oktober 1517, veröffentlichte er seine 95 Thesen, die vom Evangelium her klar gegen den Ablass Stellung bezogen. Die wichtigsten Sätze lauten:

These 1: »Da unser Herr und Meister Jesus Christus sagt: ›Tut Buße‹ (Matthäus 4,17), wollte er, dass das ganze Leben der Gläubigen Buße sein sollte.«
These 62: »Der wahre Schatz der Kirche ist das allerheiligste Evangelium der Herrlichkeit und Gnade Gottes.«

Die 95 Thesen schlugen ein wie ein Blitz. Innerhalb von zwei Wochen waren sie in allen deutschen Ländern bekannt. In vier Wochen hatten sie fast die ganze abendländische Christenheit durchlaufen, »als wären die Engel selbst Boten gewesen«, wie man damals sagte. Ohne dass Martin Luther das damals ahnen konnte, wurde der 31. Oktober 1517 auf diese Weise der Geburtstag der Reformation, den wir uns Jahr für Jahr ins Gedächtnis rufen lassen.

Mit dem Geld fing sie an, die Reformation, mit dem Protest gegen die Auswüchse der Ablasspraxis. Aber wir würden Luther nun ganz und gar falsch verstehen, wenn wir den Kern der Reformation im Protest gegen Missstände in Kirche und Welt sehen würden. Denn der Kern der Reformation lag für Luther sozusagen im Kern des Menschen. An einem der eingangs erwähnten Zitate wird das ganz deutlich: »Gold und Silber, Geld und Gut stiften viel Böses unter den Leuten. Soll man darum solches alles wegwerfen? Nein, wahrlich nicht! Ja, wenn wir unseren nächsten Feind vertreiben wollten, der uns am allerschädlichsten ist, so müssten wir uns selbst vertreiben und töten. Denn wir haben keinen schädlicheren Feind als unser eigenes Herz.« Der Kern der Reformation ist für Luther unser eigenes Herz!

Schon 1516 hatte Martin Luther aus seinem Familienwappen das Zeichen der Lutherrose entwickelt, das er als Sinnbild seiner Theologie deutete. In einem Brief sagt er: *»Das erste sollte ein Kreuz sein: schwarz im Herzen, das seine natürliche (rote) Farbe hätte, damit ich mir selbst Erinnerung gäbe, dass der Glauben an den Gekreuzigten uns selig machet. Denn der Gerechte wird seines Glaubens leben, den Glauben an den Gekreuzigten. Solch ein Herz aber soll mitten in einer weißen Rose stehen, anzuzeigen, dass der Glaube Freude, Trost und Friede gibt. Darum soll die Rose weiß und nicht rot sein; denn weiße Farbe ist der Geister und aller Engel Farbe. Solche Rose stehet im himmelfarbenen Felde, dass solche Freude im Geist und Glauben ein Anfang ist der himmlischen Freude. Und um solch Feld einen güldenen Ring, dass solch Seligkeit im Himmel ewig währet und kein Ende hat und auch köstlich über alle Freude und Güter, wie das Gold das höchste, edelste und köstlichste Erz ist.«*

Zit. nach Veit-Jakobs Dietrich, Martin Luther. Sein Leben und seine Zeit, München 2008, 134.

Reformation wird bis heute zumeist als Aufruf zur Modernisierung der Kirche verstanden. Im Sinne Luthers geht es jedoch eher um eine Rückbesinnung. Rückbesinnung auf das Kreuz als Mitte, als Herz unseres Glaubens. Der Christ trägt das Kreuz im Herzen, so wie es die Lutherrose zeigt: *»damit ich mir selbst Erinnerung gäbe, dass der Glauben an den Gekreuzigten uns selig machet.«*

Sich selbst beständig und immer wieder neu diese Erinnerung geben und sie sich geben lassen, das ist Reformation im Sinne Luthers.

Es ist ein Leichtes, über all das Beklagenswerte in der Welt zu klagen, und wir sind wahrlich Meister darin. Es ist ein Leichtes, den Splitter im Auge des Bruders zu sehen. Schwer ist es, den Balken im eigenen Auge wahrzunehmen. Gegen die Ablasspraxis hat Luther deshalb protestiert, weil sie Gottes teure Gnade billig macht. Auch wir machen Gottes teure Gnade oft zu billig, wenn wir meinen, wir bedürften der Buße nicht, weil uns der »liebe Gott« immer schon gnädig sei. Luther lehrt uns, es genau umgekehrt zu sehen: Weil Gott uns gnädig ist, bedürfen wir umso mehr der Buße! Die Erfahrung der Gnade Gottes lässt uns erkennen, wie sehr wir der Buße bedürfen: »Herr, geh weg von mir. Ich bin ein sündiger Mensch!« sagt Petrus zu Jesus. Diese Einsicht erwächst aus der Gnade. Luther sagt: »Ein gläubiger Mensch empfindet wohl in sich das Übermaß der Sünden.« Wenn Gottes Gnade uns begegnet, erkennen wir unsere letzte Verlorenheit. Wir sind, wie Luther es ausgedrückt hat »Gerechtgesprochene und Sünder zugleich«.
Luther wollte mitnichten eine Kirchenspaltung, er wollte vielmehr diese Rückbesinnung auf das, was unser Christsein ausmacht. Das Wort »Re-Formation« bedeutet »Wiederherstellung«. Luther wollte als Katholik die beschädigte Kirche Jesu Christi wiederherstellen, »re-formieren«. Diese Reformation beginnt bei uns, bei jedem einzelnen Christenmenschen, und sie beginnt immer wieder neu: das hat Luther mit dem Wort von der »ecclesia semper reformanda«, der stets zu erneuernden Kirche gemeint. Die Erneuerung der Kirche beginnt in unserem Herzen. Wenn wir Christus im Herzen tragen, den Gekreuzigten. Diese Re-Formation der Kirche, die bei uns selbst beginnt, ist unsere Aufgabe, auch unsere ökumenische Aufgabe als katholische und als evangelische Christen.

Wenn der Angst die Luft ausgeht

Familienvesper zwischen Reformation, Halloween und Allerheiligen

Arno Schmitt

Reformation spielt in der allgemeinen Erinnerung nur noch eine geringe Rolle. Mitte des vorigen Jahrhunderts, als noch zu Schulgottesdiensten und örtlichen Abendveranstaltungen eingeladen wurde, war das noch anders, mitunter sehr: Als Tag der Protestanten war Reformation nicht selten gegen den katholischen Folgetag, Allerheiligen, kontrastiert. Die Zeiten sind ökumenischer geworden. Man hat gelernt, die beiden Feiertage miteinander und im Zusammenhang zu feiern. Eine Neuerscheinung kommt hinzu: Halloween. Aus den öffentlichen Kalendern kaum mehr wegzudenken. Gespenster und Gruselgestalten, kleine und gar nicht mehr so kleine und ordentlich große. in Grüppchen und Gruppen, im Dunkeln sich tummelnd, ziemlich genau zwischen Herbst- und Winterbeginn, zischend, fauchend, von »Teufel« und »Hölle« und »verdammter Seele« grummelnd, um »Süßes« bittend, mit »Saurem« drohend: Mythenseligkeit, raffiniertes Geschäftsmarketing, willfähriges Konsumverhalten, Spiellaune, Selbstinszenierung, groovender Herbstblues? Von alledem etwas? Oder doch etwas anderes? Laut werden die Fragen nicht gestellt, zögerlich eher, verlegen. Die Eltern des Kindergartens und andere Gruppen der Gemeinde, allen voran die Mitarbeiter/innen der Kinderkirche, beschäftigten sich mit der Sache. Wochen davor schon. Der 31. Oktober ist der Ferien wegen kein leichter Termin. Für die Organisatoren gibt es einiges zu tun. Der Zugangsweg zur Kirche wurde durch Fackeln, der Kirchenraum durch Laternen, der Altarraum durch Kerzen (im Halbkreis auf unterschiedlich hohen Baumstümpfen) erhellt. Im Raum davor: Matten und Decken für die Kinder und Akteure, nach hinten sich über Stuhlhalbkreise zu einem großen Raum weitend. Der Altar: herbstlich geschmückt, umlegt von roten, nach vorne zusammenlaufenden Tuchbahnen. Vor dem Altar: ein alter Bauerntisch mit drei Stühlen. Daneben: eine großflächige Plakatwand. Rechts und links vorne: zwei weitere (kleinere) Plakatwände. Im vorderen Seitengang: Platz für Instrumentalensemble (Keyboard, Klarinette, Gitarre). Gegenüber: Platz für die Vokalgruppe und das Blechblasensemble.

Von Halloween war in der Einladung nicht die Rede. Mit den Kindern der Kinderkirche wurde strikte Geheimhaltung verabredet. Als Gespenster- und Gruselgestalten verkleidet würden sie sich zunächst im Gemeindehaus treffen, später als Jack-O'Lantern-Gestalten (mit entsprechendem Getöse) zur Vesper stoßen. Dieser war eine einfache Struktur vorgegeben: Eröffnung, dreiteilige Spiel- und Erzählsequenz, Abschluss. Möglich, den Abend nach der Vesper zu beenden. Fortsetzung mit einer Lesenacht.

Erster Teil

Ankommen

Die Glocken läuten. Schon vor der Kirche werden die Gäste von Mitarbeiter/innen begrüßt und bekommen Flyer mit den Liedern und liturgischen Besonderheiten des Abends ausgehändigt. Auch bei der Platzsuche sind Mitarbeiter/innen freundlich beteiligt. Viele sind neu, erleben (die) Kirche zum ersten Mal. Die Instrumente spielen Variationen der Melodie von »Heilig bist du«.

Begrüßung

Liturg:

Meine Güte, wie viele! Wir wussten ja nicht. Aber dass so viele kommen: unglaublich! Seid herzlich begrüßt! »Reformation« steht in der Einladung. »Reformation« und »Allerheiligen«. Zwei Festtage. Früher groß gefeiert. Über beide gesprochen haben wir ein bisschen, in der Schule, in der Kinderkirche. Doch sie erleben? Das geht nur hier, in der Kirche. Wir wollen es miteinander versuchen. Aber sagt mal: steht heute nicht noch was anderes im Kalender?

(Zurufe kleiner Gäste: »Halloween«! Der Name wird aufgenommen. Nicht weiter darauf eingegangen.)

Viel los, wenn es dunkel wird. Da kann einem schon mal ziemlich anders werden, ordentlich bang. Gut dann, von einem Licht umgeben zu sein, das uns den Weg zeigt. Wie hier jetzt, in dieser Kirche, wenn wir Gottesdienst feiern!

Lied: Heilig bist du, Ursprung der Welt
Gottesklang, Stuttgart 1999, 4

Eingangsgebet

Liturg:
Gott!
Großes Geheimnis!
Du bist da, wir spüren es! Du hörst uns und wir hören dich!
Und doch: Wir können dich nicht fassen! Nicht ich, nicht wir: nichts und keiner auf der Welt!
Sei bei uns, wenn wir von dir erzählen! Öffne unsere Augen und Ohren!
Komm in unsere Mitte!
Wir bitten dich!

Alle:
Amen.

Zweiter Teil

Fürchte dich nicht!

Die Luthers

Auf dem Boden des Altarraums werden Papiere, Bildplakate, Rollen, Textzeilen ausgebreitet, die beiden Stellwände durch Punktstrahler ausgeleuchtet, auf dem Tisch mit einer Kerze die Laterne entfacht.
Ein Erzähler in historischem Gewand betritt den Raum.

Erzähler:
Lange her. Bald 500 Jahre. Aber damals, am 31. Oktober 1517, ich kann euch sagen: da war was los in Wittenberg. Ein Mönch wohnte dort, von dem noch keiner was wusste. Morgen, so der, würden viele Leute unterwegs sein, Allerheiligen feiern. Also her mit der Tinte! Her mit dem Papier! 95 Sätze darauf! Zur Schlosskirche rüber, mit Hammer und Nägeln! Die Sätze an die Eingangstür geschlagen: Jeder, der zur Messe kommt, soll sie lesen können!
(Geht einen Schritt, nimmt ein Bildplakat vom Boden, heftet es an die Stellwand vorne.)
So könnte er ausgesehen haben: der Mönch Martin Luther. Gemalt von einem der ganz Großen seiner Zeit!

(Nimmt die Rolle vom Boden, heftet sie unter das Bildplakat an der Stellwand vorne.)
Und so könnte es gewesen sein mit der Rolle und den 95 Sätzen. Wie sie ist, soll die Kirche nicht bleiben, so Martin Luther! Sie war einmal ein heller Stern, doch die in ihr das Sagen haben, die haben ihr den Glanz genommen: sie zu einem großen Jahrmarkt gemacht! Wie? Was? Zu einem Jahrmarkt? Der Papst? Die Bischöfe? Was erlaubt sich dieser Mönch!? Der Tumult war groß in der Stadt. Überall im Land. Weit über Deutschland hinaus.
(Kleine Pause)
Wer aber war das denn, dieser Martin Luther, der sich das traute? Ein Held? Überhaupt nicht. Schaut, wie es war bei Luthers zuhause!

(Der Erzähler nimmt sich die Textzeile »Die Luthers« vom Boden, heftet sie an die hintere Plakatwand, darunter das Lucas-Cranach-Bild von Hans und Margarethe Luther, und geht ab. Drei Konfirmanden, als Vater, Mutter und Martin Luther gekleidet, kommen in den Altarraum. Auf dem Tisch: Laterne, Suppenteller, Löffel, Brotkorb. Margarethe steht an der Anrichte. Hans kommt dazu, setzt sich. Martin kurz danach.)

Hans Luther:
Was für ein Tag, Grethe! Wie lange ich das noch aushalte, ich weiß es nicht. Zwölf Stunden im Stollen. Sechs Mal die Woche. Bei Nässe und Kälte. In Gängen, gerade mal so breit, dass du reinpasst, dich voranschieben, deinen Wagen nachziehen kannst, und gerade mal so hoch, dass du den Hammer schlagen und das Gehauene einsammeln kannst. Und wenn die Laterne ausgeht, siehst du gar nichts mehr. Dazu die Angst, dass dir die Luft ausgeht und dir keine Kraft mehr bleibt, den Ausgang zu finden. Früher hab ich das alles noch weggesteckt. Aber heute? Ich weiß nicht, wie es weitergeht, Grethe, ich weiß es nicht. Aber sag: Wie geht es dir?

Margarethe Luther: (bleibt bei der Anrichte, bereitet zu)
Wie schon! Wie es allen Frauen geht! Du hast deine Kraft nur einmal, aber schaffst für zwei! Im Haus, auf dem Hof, auf dem Feld, die Kinder. Die Zeiten sind hart. Wetter, Krankheit, Missernte, Krieg: Du weißt nicht, was kommt. Ich will nicht klagen. Ich bin zufrieden, dass es nicht noch schlimmer ist. Im Übrigen, Hans, werden wir bald weiter zusammenrücken müssen, ich bin schwanger, unser Achtes ist unterwegs!

(geht zum Tisch, stellt die Schüssel ab, setzt sich)
Wo ist Martin eigentlich? Er ist 13. Er kann schreiben und lesen und rechnen. Meinst du nicht, er könnte dir helfen im Bergwerk?

(Martin kommt zur Tür herein, setzt sich zu den Eltern.)

Martin Luther:
Ich bin zu spät. Bitte, entschuldigt! Ich war bei Jakob drüben, im Stall. Das Pferd ist krank. Und auf dem Heimweg, da hab ich nachgedacht. Was meint ihr? In die Pfarrschule soll ich? Nach Eisenach? So weit weg? Mit 50 anderen in der Klasse? Weil die Schule gut ist, wie man sagt? Aber sie kostet doch Geld! Und das Wohnen zusätzlich! Wie soll das gehen? Wir haben's doch nicht? Ihr plagt euch doch jetzt schon, ich sehe das doch!

Margarethe Luther:
Recht hast du, Martin! Wir haben es wirklich nicht! Wenn ich Suppe koche, dann muss sie bis morgen reichen. Und wenn ich einen Pullover stricke, dann muss der nicht nur dir, sondern auch deinen Geschwistern passen. Es geht nicht anders. Unsere Familie ist groß. Und die Zeiten sind hart. Und deshalb hatten wir es davon, ob es nicht besser wäre ...

Hans Luther: (unterbricht, steht auf, wendet sich an Margarethe)
Lass gut sein, Grethe! Es ist, wie es ist. Martin soll nach Eisenach. Dort lernt er Latein. Und Latein ist die Sprache der Welt. Martin lernt gut. Er soll es einmal besser haben. Nicht jeden Tag in den Stollen! Nicht jeden Tag Angst haben zu müssen, von diesem dunklen Loch verschluckt zu werden! Nicht jeden Tag mit seinen Kräften am Ende zu sein und heute nicht zu wissen, wie es morgen weitergeht! Martin soll lernen!
(Geht ein paar Schritte, Martin zugewandt)
Ja, die Schule ist gut. Aber Eisenach ist weit. Du wirst dort wohnen müssen, deine Freunde lange nicht wiedersehen. Wir kennen eine Familie dort. Bei der kannst du bleiben. Aber reich ist auch die nicht. Fürs Tägliche musst du schon selbst sorgen. Mit deinem Lehrer wirst du durch die Straßen ziehen und Lieder singen: bei Taufen, Hochzeiten, Beerdigungen. Dafür gibt's ein paar Groschen. Das muss reichen!
(Nach einer kleinen Pause, leise) Vielleicht, ja vielleicht hilft der Himmel!

(Hans und Margarethe gehen auf Martin zu, nehmen ihn in den Arm, bleiben so eine Weile.
Die Instrumente spielen die Melodie »Fürchte dich nicht« an, die Vokalgruppe kommt in den Altarraum, nimmt die Melodie auf, singt die erste Strophe und lädt danach alle anderen ein, in die Strophe mit einzustimmen und mehrmals zu wiederholen.)

Lied: Fürchte dich nicht, gefangen in deiner Angst EG Baden 643

(Die Darsteller/innen und die Gesangsgruppe gehen ab, der Erzähler kommt in den Raum zurück)

Erzähler:
Und dann ging er! Schweren Herzens! Ließ Vater und Mutter und Geschwister zurück, Jakob und alle seine Freunde! »Gefangen in deiner Angst!« Liebes Lied, wie Recht du hast!
(Geht einen Schritt auf die Gäste zu)
Aber nicht nur Martin. Und nicht nur sein Vater, seine Mutter und seine Geschwister. Es gibt die Angst, »mit der du lebst«, ja auch heute. Und wenn sie mich heute verschont, kann ich nicht sicher sein, wie es morgen ist. Mal ist sie mir nah, dann weiter weg. Mal sehe ich sie, dann wieder nicht. Sie ist wie ein Schatten. Ich krieg sie nicht los. Erzählt doch mal!

Es entfaltet sich ein lebhaftes Gespräch zwischen Erzähler und Gästen, den kleinen zunächst, aber auch den großen, denn die Angst, »mit der du lebst«, umfasst ja nicht nur die einen und die anderen, sondern alle Menschen. Viel war vom »Alleinsein im Dunklen« zu hören, überhaupt vom »Alleinsein«: vom »Kranksein«, dem eigenen und dem von Mutter und Vater. Von der Angst auch »auf der Straße«, »den Autos«, »fremden Leuten«, »der Schule«, »dass Streit ist«, »Vater und Mutter sich trennen«, »Unwettern« etc. Unmöglich, allem nachzugehen. Es muss beim exemplarischen Ansprechen, Aufnehmen und Ernstnehmen bleiben (und nichts sollte ›zusammengefasst‹ werden, was nicht selbst genannt wurde.)
Das Ensemble nimmt noch einmal die Melodie des soeben gesungenen Liedes auf, spielt ein paar Takte, wiederholt, wird dann aber jäh von lautem Trommelschlag und schrägem Blech unterbrochen.

Gruselgestalten

Gruselige Gestalten, in Bettlaken gehüllt, kommen mit ausgehöhlten Kürbislaternen zur Tür herein. Die schräge Musik scheint sie zu stimulieren. Sie nehmen die beiden Seitengänge, manche den Weg durch die Reihen und über die Matten der Gäste. Fauchend, zischend, Laute ausstoßend ziehen sie nach vorn und versammeln sich im Halbrund des Altarraums. Die Musik klingt aus, die Szene beruhigt sich.

Erzähler: (den Gestalten zugewandt)
He da, ihr! Wer seid ihr denn!? Und was wollt ihr!? Und warum mit diesen schrecklichen Gesichtern und Kürbisfratzen und ausgerechnet heute!?
(geht auf zwei Gestalten zu)
Was war das, sagt, was ihr da eben so vor euch hergezischt habt? Von »Jack« und »O'Lantern« habt ihr gebrabbelt. Von »Himmel« und »Hölle« und »verdammter Seele«. Was ist das? Was meint ihr? Erzählt!

Erste Gestalt:
Na ja, unsere Geschichte ist nicht ganz einfach. Jeder erzählt sie ein bisschen anders. Irgendwann war sie in Deutschland. Sie kommt aus Amerika. Aber nach dort ist sie eingewandert, irgendwann. Aus Irland.

Zweite Gestalt:
Vor langer Zeit, so heißt es, lebte dort ein Hufschmied. Jack, sein Name. Er war geizig und trank gerne einen über den Durst. Am Abend vor Allerheiligen saß er in der Dorfkneipe, als plötzlich der Teufel neben ihm stand. Jack, es ist deine letzte Stunde, so der: Ich hol dich. Dann tu's doch und hol mich, so Jack darauf, aber bezahl mir einen letzten Schluck! Der Teufel zeigte sich großzügig und erfüllte ihm den Wunsch. Doch weil er keine Münze bei sich hatte, verwandelte er sich selbst in eine und wollte den Wirt bezahlen. Jack aber sah es und steckte die Münze schnell in seine Tasche. Und weil er in der ein silbernes Kreuz trug, konnte der Teufel sich nicht mehr zurückverwandeln. Ein Handel sollte es richten. Wenn ihm der Teufel noch zehn Jahre ließe, wolle er ihn frei lassen. Und so geschah's.

Erste Gestalt:
Doch zehn Jahre später, wieder in der Nacht zu Allerheiligen, kam der Teufel zurück. Wieder bat ihn Jack um einen Gefallen. Pflück mir ei-

nen Apfel, es soll mein letzter sein! Der Teufel tat ihm den Gefallen, kletterte auf einen Baum und wollte den Apfel holen. Doch blitzschnell zückte Jack sein Messer und ritzte in die Rinde des Baumes ein Kreuz. Der Teufel war gefangen. Wenn du mir versprichst, so Jack, meine Seele bis in alle Ewigkeit ruhen zu lassen, will ich das Kreuz entfernen. Und so geschah's.

Zweite Gestalt:
Lange danach starb Jack. Am Himmel wurde er abgewiesen. Aber auch zur Hölle blieb ihm der Zugang verwehrt, denn der Teufel erinnerte sich sehr genau. Ich will mit dir nichts zu tun haben, so der! Geh weiter! Doch weil es so kalt war und der Weg so weit, schenkte ihm der Teufel aus dem Feuer der Hölle eine glühende Kohle. Die steckte Jack in die ausgehöhlte Rübe, die er als Wegzehrung bei sich hatte, und irrt seither als verdammte Seele durch die Nacht.

(kleine Pause)

Erzähler: (den Gruselgestalten zugewandt)
Es macht euch Spaß, so gruselig durch die Straßen zu laufen, an den Türen zu klingeln und den Leuten einen Schrecken einzujagen. Klar doch! Und wenn man dann noch »Süßes« geschenkt bekommt, ist die Sache ja echt gelungen!

(kleine Pause)

Aber eines, bitte, sagt mir noch: Was an der Sache ist denn wirklich so gruselig? Sind es die Gestalten, die Hexen, das Zischen der Gespenster? Oder ist es nicht die Geschichte, die mit Jack da passiert! Durch die Zeiten und Räume zu irren! Überall abgewiesen zu werden! Wenn du fort bist, von keinem vermisst zu werden! Wenn du da bist, von keinem gemocht zu werden!

(kleine Pause)

Abgewiesen, für keinen erreichbar, heimatlos zu sein!

(kleine Pause)

Die Hölle des Lebens!

(kleine Pause)

Die Instrumente spielen die Melodie des englischen Kanons »Schweige und höre« an, sie tun das sehr leise, wiederholen das eine und andere Mal, lassen sich Zeit. Die Gruselgestalten verteilen sich im Altarraum.

Schweige und höre

Erzähler:
Wer Sorgen hat, braucht einen, der da ist. Der muss gar nicht viel tun: einfach da sein. Muss gar nicht viel reden: einfach zuhören. »Schweige und höre!« In Guatemala bekommen Kinder von ihren Eltern manchmal kleine Figürchen geschenkt. Wenn sie Sorgen haben, legen sie die unter ihre Kopfkissen. Und wenn sie dann aufwachen morgens, sind nur noch die Figürchen da, die Sorgen weg. Ja, manchmal hilft das. Und manchmal hilft anderes auch: Haustiere, Kuscheltiere. Aber manchmal muss es die Mutter oder der Vater oder der Bruder oder die Tante sein, die ein gutes, mir zugeneigtes Ohr haben. Viele von uns, denk ich mir, können ihr Lied von solchen Menschen singen. Es geht ja auch gar nicht anders. Leben braucht Zuneigung. Schließt ruhig mal die Augen für einen Moment und erinnert euch an die oder den, der oder die für euch da war, als ihr sie gebraucht habt, ohne Wenn und Aber, jetzt und ganz für euch allein. Ja, tut das mal! Geht diesem besonderen Augenblick noch mal nach und holt euch daraus Kraft: die Töne der Musik werden euch begleiten!

Die Instrumente nehmen die Melodie, ganz leise, noch einmal auf. Die Vokalgruppe kommt dazu, nimmt die Melodie auf, singt im Kanon, lässt sich dafür Zeit. Wer mitsingen will, singt mit.

Und dann macht eure Augen wieder auf, kommt zurück und schaut euch um. Sorgen euch schrecken, Angst euch gefangen nehmen? Klar doch: probieren werden sie es immer wieder. Aber es schaffen? Es wirklich schaffen werden sie nicht, denn da ist wer, der euch mag. Und darauf: genau darauf kommt es an. Wenn ihr anklopft, wird euch die Tür nicht gewiesen. Und eine glühende Kohle ist es auch nicht, die ihr bekommt fürs Weiter-nur-immer-Weiter. Aufgetan wird euch die Tür, noch ehe ihr klopft, und das Fest, zu dem ihr geladen seid, ist lange schon vorbereitet.

(kleine Pause)

»Und das Fest, zu dem ihr geladen seid, ist lange schon vorbereitet!« Wisst ihr eigentlich, bei wem dieses Bild im Tagebuch stand? Bei Martin Luther. Irgendwann war er angekommen, in Eisenach, in der Schule. Und irgendwann war ihm klar, du wirst für dein Tägliches selbst aufkommen müssen, Vater und Mutter schaffen das nicht. Aber immer erfuhr er auch das, weit fort von Vater und Mutter und Geschwistern und Freunden: dass da andere waren, die ihm gut waren, ihm die Stadt zeigten, ihn einluden, ihm zuhörten, ihm gut waren und irgendwann sogar seine Freunde wurden. Und später, er war da schon längst der berühmte Reformator und Bibelübersetzer, da war es dann, wieder in Eisenach, eine Geschichte, die ihm beim Übersetzen der Bibel ganz besonders gefiel, so gut, dass er sie gleich auch zur Überschrift über die ganze Bibel machte: die Geschichte vom Fest, zu dem der Vater lud, weil er den Sohn, der verloren war, wieder hatte und alle zum Fest lud, wie es größer und schöner die Welt noch nicht gesehen hatte!

Der Erzähler nimmt ein vergrößertes Bild des »Verlorenen Sohns« und heftet es an den noch freien vorderen Plakatständer. Die Instrumente spielen die Melodie »Nada te turbe« an, die Vokalgruppe nimmt die Melodie auf und trägt sie weiter. Nach einer Weile legen die Gruselgestalten ihre Kostüme an den Baumstümpfen ab, lassen die Kürbislaternen zurück, nehmen sich die Tellerlichter und stellen sich (bei offenem Altar) im Halbkreis.

Lied: Nada te turbe
Kommt und singt. Liederbuch für die Jugend, 2. Auflage, Gütersloh 2016, 232

Dritter Teil: Lass leuchten

Gebet

Sprecherin:
Höre uns, Gott. Wehre allem Bösen und segne unser Gedenken in dieser dunklen Jahreszeit. An Menschen, die leben. An Menschen, die gestorben sind. Gut sind sie uns, gut uns gewesen. Das macht uns stark. Und das lässt uns leben. Und dafür danken wir dir!

Alle:
Gott, erhöre uns!

Sprecherin:
Höre uns, Jesus. Hell machst du diese Welt. Vielleicht nicht über Nacht und wie durch Zauberhand. Aber so doch, dass wir sehen: in Zeichen, in Anfängen, jeden Tag. Komm zu uns. Nimm uns die Angst und mit ihr die Versuchung, unsere Lust an der Angst anderer zu haben!

Alle:
Jesus, erhöre uns!

Sprecherin:
Höre uns, Heiliger Geist. Sei um uns und in uns. Im Feuer deines Lebens. Als Kraft gegen Kälte, Einsamkeit und Angst. Gib irrenden Seelen Frieden. Verbinde und heile Wunden. Schenke Mut zu neuen Wegen. Und gib uns ein waches, aufmerksames Gewissen in allem, was wir tun und lassen!

Alle:
Heiliger Geist, erhöre uns!

Vaterunser

Noch einmal nehmen die Instrumente und die Vokalgruppe die Melodie »Heilig bist du« auf und nehmen alle anderen ins Singen mit. Der Liturg weist beim Abklingen der Musik auf die große Verwandlung hin, die sich vollzogen hat, als aus den Gestalten des Grusels »Lichter der Welt« geworden sind.

Liturg: (zu den Kindern im Altarraum)
Nehmt es mit, euer Licht, wenn ihr jetzt gleich nach Hause geht!
Nehmt es mit in euer Leben! Überall hin, wo es dunkel ist, mühsam und traurig!
Dass es leuchte: zu einem neuen Anfang!
(zu allen anderen)
Die Kinder der Kinderkirche werden den Gang nach draußen gleich anführen.
Dort aber werden Lichter genug für alle sein, die ihren Weg nach Hause in der »Hoffnung des Lichts« machen wollen. Mitarbeiter/innen werden euch dabei helfen!

Segen

Liturg:
Gott segne uns die Erde,
auf der wir stehen!
Gott segne uns die Wege,
auf denen wir gehen!
Es segne uns Gott: der Vater, der Sohn, der Heilige Geist!

Musik zum Ausklang

Übergang zur Lesenacht

Rückendeckung

Stefan Claaß

Da ist jemand hinter Ihnen! Wie hört sich das an? Oder: Da steht jemand hinter Ihnen! Wie fühlt sich das jetzt an? Im ersten Fall ziemlich unangenehm: Mir sitzt einer im Nacken, macht mir Druck. Im zweiten Fall das genaue Gegenteil: Jemand steht hinter mir und hält mir den Rücken frei.

Martin Luther hat beides erlebt. Die Angst, zu versagen und nicht gut genug zu sein. Als ob ihm einer im Nacken sitzt und ihn antreibt, jeden Tag. Was er auch versucht, die Angst hat ihn im Griff. Und dann erlebt er, wie sich seine Erfahrung komplett umkehrt. Statt Angst und Druck im Nacken, erfährt er, dass jemand hinter ihm steht und ihm Deckung gibt. Das kann er nicht für sich behalten. Und so teilt dieser Mensch – Martin Luther – seine Erfahrungen öffentlich mit – am 31. Oktober 1517. Damit verändert er den Lauf der Geschichte. Und viele Menschen erkennen sich darin wieder, bis heute. Süßes statt Saures in der Begegnung mit Gott. Rückendeckung statt Angst im Nacken.

Bei nicht wenigen Menschen spielt Angst im Leben eine große Rolle. Die »German Angst« ist sogar ins Englische übernommen worden. Etlichen Menschen sitzt Angst im Nacken. Anders als bei Martin Luther, aber ihr Leben ist bedrängt von Angst. Angst vor dem nächsten Tag. Angst vor dem Alter. Angst vor Flüchtlingen. Angst vor Gewalt. Bei Luther kam die befreiende Erfahrung aus der Einsicht: Da steht jemand wirklich hinter mir! Für ihn war das keine nebulöse höhere Macht, sondern Gott, wie er sich in Jesus Christus zu erkennen gibt. Der hat gesagt: »Ich lebe, und ihr sollt auch leben.« (Joh 14,19) Das ist sein Satz: Ihr sollt auch leben. Dafür hat er sich eingesetzt, um uns am Ende auch noch die Angst vor dem Tod zu nehmen.

»Ein Christ ist ein freier Mensch und niemandem untertan!« So hat Luther geschrieben, und dieser Satz wird bis heute immer wieder zitiert. Aber Luthers Pointe war: Ich bin so frei, weil *Gott* mir den Rücken freihält. Und dann hat Luther einen zweiten Satz hinzugefügt: Weil ich ein freier Mensch bin, kann ich anderen Menschen zu Diensten sein und ihnen beistehen. Wer den Rücken frei hat, hat auch die Hände frei.

Heutzutage konzentrieren sich viele Menschen auf den ersten Satz und sagen sich: Ich bin frei und niemandem untertan. Auch Gott nicht. Ich glaube, das ist ein ganz großer Verlust. Wenn Gott nicht da ist, setzen sich andere Mächte und Gewalten mir in den Nacken. Das kann irgendeine Angst sein. Oder der Druck, erfolgreich zu sein oder beliebt. Oder Abneigung gegen andere bis hin zum Hass. So ein besetztes Leben wirkt auf mich alles andere als frei. Da kommt nichts Gutes dabei raus, weder für mich noch für andere.

Frei heißt nicht: alleine stehen. Ich kann Freiheit wesentlich stärker erfahren und nutzen, wenn mir jemand den Rücken freihält. Er sagt: »Ich lebe, und du sollst auch leben.«

Martin Luther – der Reformator auf den Spuren Wilhelm von Ockhams

Eckhard Herrmann

Sie ist gerade mal 252 Meter lang. Ein kleines Theater. Einige Lokale. Ein paar Geschäfte.
Wer hier nicht wohnt oder arbeitet oder etwas zu erledigen hat – jemanden besuchen, etwas besorgen oder eine Kleinigkeit essen –, der weiß wahrscheinlich gar nicht, dass es sie gibt, geschweige denn, wo er sie suchen soll.

Die Münchner Occamstraße. Mitten in Schwabing. Zwischen der »Münchner Freiheit« und dem Englischen Garten.

Wahrscheinlich eine von nur wenigen Straßen in Deutschland, die seit Ende des 19. Jahrhunderts an den um 1285 im englischen Ockham geborenen und wohl 1347 in München verstorbenen Philosophen und Theologen Wilhelm von Ockham erinnert.

Wir wissen nicht viel über das Leben dieses Mannes. Wie schon bei seinem Geburtsjahr, so tappen wir auch bei der Suche nach Ereignissen, bei denen er dabei war, und Erfahrungen, die ihn geprägt haben, über weite Strecken im Dunkeln. Nur wenige Daten sind gesichert.
Dass er schon früh in den Franziskanerorden eingetreten ist. Dass er als knapp 20-Jähriger zum Subdiakon, einer Vorstufe des Priesteramtes, geweiht wurde und 1317 an der Universität Oxford die Berechtigung erlangte, Vorlesungen zu halten. Dass er 1324 nach Avignon reisen musste, wo er sich – von der Kirche inzwischen als Irrlehrer angeklagt – einem Prozess stellen sollte. Dass er vier Jahre später von dort floh, um einer möglichen Verurteilung zu entgehen, und sich unter den Schutz Ludwig des Bayern begab, damals einer der schärfsten Gegner des Papstes. Dass er ab 1330 in München lebte, wo er als von seiner Kirche Exkommunizierter siebzehn Jahre später starb.

Weit mehr als über sein Leben wissen wir über sein Werk und sein Wirken.
Wilhelm von Ockham war ein typischer Gelehrter. Die Studierstube war sein Zuhause, Bücher zu lesen sein wesentlicher Lebensinhalt, nachdenken über Gott und die Welt war seine Berufung.

Nachdenken über Gott, zu dem der Mensch – davon war Ockham überzeugt – nur im Glauben Zugang finden kann; und die Welt, die er sich nur durch die Vernunft erschließen kann.

Das bedeutet zum einen:
Gott selbst ist es, der dem Menschen die Augen öffnet für seine, für *Gottes* Welt.
Allein durch seine Gnade, die er dem Menschen aus freien Stücken schenkt, ohne dass der sich, wie es die Amtskirche lehrte – etwa durch gute Taten oder besonders wohlgefälliges Verhalten – darum bemühen muss.
Der Glaube war für Ockham ausschließlich eine Sache des Herzens und nicht des Verstandes.
Deswegen war es für ihn auch überhaupt nicht denkbar und auch gar nicht nötig, Gottes Dasein und seine Allmacht auf vernünftigem Wege zu erklären oder gar zu beweisen.

Und andererseits:
Dinge, die mit Händen greifbar und mit dem Verstand begreifbar sind, nicht die Welt als ganze, aber alles Weltliche, alles in der Welt Existierende eben und damit auch die Kirche, die, so sehr er sie schätzte, doch ein Menschenwerk war, lassen sich nicht mit Gott begründen und legitimieren.

Diese Theorie blieb nicht ohne Folgen für die Praxis.
Die Kirche sah sich herausgefordert. Sie musste reagieren. Es ging um ihr Selbstverständnis. Und viel mehr noch: es ging um ihre Autorität und um ihre Macht.

Wie sollte sie von den Gläubigen verlangen können, sich ihren Weisungen unterzuordnen, wenn sie diese Weisungen – auf einmal – nicht mehr mit dem Willen Gottes begründen konnte?

Ockham war zu weit gegangen.
Aus dem geachteten Lehrer war – für den Papst und die Kurie – ein umstrittener Irrlehrer geworden. Ein Ketzer, der an den Grundfesten der Kirche rüttelte und das Volk zu verunsichern und gegen den Papst aufzubringen drohte. Ockhams für seine Zeit modernes, zu modernes Denken, ja, Ockham selbst war zum Risiko geworden. Dem galt es einen Riegel vorzuschieben.
Durch eine Untersuchung und ein Verfahren in Avignon, von 1309 bis 1377 Sitz der Päpste und danach noch einmal vierzig Jahre lang Sitz der Gegenpäpste. Ockhams Flucht nach München rettete ihm schließlich das Leben.

Im evangelischen Theologiestudium spielt Wilhelm von Ockham heute nur eine Nebenrolle. Wer sich nicht schwerpunktmäßig mit ihm und der Epoche beschäftigt, in der er lebte und wirkte, der könnte ihn fast übersehen. Wie die kleine, fast versteckte Occamstraße in München.

Zweihundert Jahre später: Martin Luther. Nicht nur die unzähligen Straßen, die seinen Namen tragen, zeugen von seinem gegenüber Ockham weit größeren Bekanntheitsgrad. Auch seine Wirkungsgeschichte reicht erheblich weiter.

Luther begegnet dem Werk Ockhams erstmals während seines Studiums. Das Denken des englischen Franziskanermönchs spricht ihn an. Auch Luther braucht keine Berechnungen, keine Beweise, um Gott vertrauen zu können. Gott ist für ihn einfach da.
Nicht der Verstand und nicht die Vernunft, nein, sein Glaube ist ihm – wenn man so will – Beweis genug. Hier, im Glauben, erfährt er die Nähe und die Liebe seines Gottes. Seines ganz persönlichen, seines ihn in seiner je besonderen Lebenssituation ansprechenden Gottes.

In der Bibel finden wir viele Geschichten, in denen Menschen erzählen, wie Gott sie angesprochen hat. Meist auf eine Weise, die sich Fremde, Außenstehende ganz anders – nämlich verstandesmäßig – erklären als die direkt Betroffenen.

Mose zum Beispiel, der beim Schafehüten einen brennenden Dornbusch sah:

Da sprach er: Ich will hingehen und die wundersame Erscheinung besehen. Als aber der HERR sah, dass er hinging, um zu sehen, rief Gott ihn aus dem Busch und sprach: Mose, Mose! Ich bin der Gott deines Vaters, der Gott Abrahams, der Gott Isaaks und der Gott Jakobs. (Ex 3)

Oder Saulus, der zunächst erbitterte Gegner der Christen:
Als er in die Nähe von Damaskus kam, umleuchtete ihn plötzlich ein Licht vom Himmel; und er fiel auf die Erde und hörte eine Stimme, die sprach zu ihm: Saul, Saul, was verfolgst du mich? Er aber sprach: Herr, wer bist du? Der sprach: Ich bin Jesus, den du verfolgst. Steh auf und geh in die Stadt; da wird man dir sagen, was du tun sollst.
Die Männer aber, die seine Gefährten waren, standen sprachlos da; denn sie hörten zwar die Stimme, aber sahen niemanden. Saulus aber richtete sich auf von der Erde; und als er seine Augen aufschlug, sah er nichts. Sie nahmen ihn aber bei der Hand und führten ihn nach Damaskus; und er konnte drei Tage nicht sehen. (Apg 9)

Menschen erleben, wie Gott ihnen die Augen öffnet, sich ihnen zu erkennen gibt und sie anspricht. Nur selten so spektakulär wie Mose und Paulus, aber doch klar und deutlich und vor allem ganz persönlich.
Aber das erleben, sehen, hören und verstehen eben nur sie selbst. Im Glauben.

»Das Evangelium ist eine Kraft Gottes, die selig macht alle, die daran glauben« (Röm 1,16) schreibt Paulus in seinem Brief an die Christen in Rom.

In diesem Glauben tritt der Mensch – und das ist das zweite, das Luther mit Ockham verbindet – allein, selbstständig vor Gott. Ohne dass ihm jemand den Weg dafür ebnen, ihn an der Hand führen und die Tür öffnen müsste.
Auch und vor allem ohne die Kirche, die lehrt, dass sie und nur sie allein den Kontakt zu Gott vermitteln könne. »Außerhalb der Kirche kann und darf es kein Seelenheil geben« (Konzil zu Florenz 1438–1445), heißt es in Rom.

Dagegen fordern und bekennen Ockham und Luther: »Ein feste Burg ist unser Gott.« (EG 362,1) Und nicht die Kirche. Die ist Menschenwerk.
»Der HERR ist mein Licht und mein Heil; vor wem sollte ich mich fürchten? Der HERR ist meines Lebens Kraft; vor wem sollte mir grauen?« (Ps 27,1)

Und ein Drittes schließlich:
Ockhams Vorstellung, dass Gott den Menschen allein aus Gnade von seiner Schuld freispricht, ohne dass der etwas dafür tun, sich diese Gnade womöglich sogar erkaufen und Gott dadurch in die Pflicht nehmen könnte.
»Von wegen!«, sagt Luther mit Ockham, und dichtet – geradezu kämpferisch:

»Mit unsrer Macht ist nichts getan, wir sind gar bald verloren;
es streit' für uns der rechte Mann, den Gott hat selbst erkoren.
Fragst du, wer der ist? Er heißt Jesus Christ,
der Herr Zebaoth, und ist kein andrer Gott,
das Feld muss er behalten.« (EG 362,2)

Gott nimmt uns an, wenn und weil er uns annehmen will. Darin sind sich Ockham und Luther einig. Gott schenkt uns seine Gnade. Bedingungslos und aus freien Stücken. In und durch seinen Sohn Jesus Christus. »Einen anderen Grund kann niemand legen.« (1Kor 3,11) Kein Mensch und auch die Kirche nicht.

»Ich bin von Ockhams Partei«, sagt Luther später. Auch wenn er sich mit der Zeit von vielem distanzierte, was die Theologen des 14. Jahrhunderts lehrten, die »Sautheologen«, wie er sie einmal sogar nannte – in diesen drei Punkten war sich Luther mit Ockham einig. In diesen drei Punkten war Luther »von Ockhams Partei«.

Keiner von beiden, weder der praxisorientierte Reformator Luther, noch der theoretisch denkende Philosoph Ockham, hatten jemals vor, die Kirche zu spalten. Dazu war ihnen die Kirche viel zu wichtig, viel zu lieb. Sie wollten die Kirche näher zum Menschen und den Menschen näher zur Kirche bringen.

Angetrieben und geleitet einzig und allein von der Heiligen Schrift, vom Wort Gottes, das für sie die höchste und unanfechtbare Autorität und alleinige Quelle des Glaubens war.
Beide wurden dafür bestraft. Exkommuniziert. Von den kirchlichen Sakramenten ausgeschlossen. Und in eine Rolle gedrängt, die sie selbst nie angestrebt hatten.

Was bleibt? Was bleibt für die Praxis unseres Glaubens? Von Wilhelm von Ockham und von Martin Luther? Nach siebenhundert, nach fünfhundert Jahren?

Es bleiben die Erinnerung und der Dank an zwei Männer, die in ihrem Denken, Reden und Handeln neue Wege beschritten haben. Wege, auf denen sie ihre Zeitgenossen und die Nachgeborenen mitgenommen haben, um ihnen Mut zu machen. Mut, frei, ohne Zwang und ohne Angst zu glauben.

Zu glauben an einen einladenden, einen freigebigen, einen gnädigen Gott, auf den wir mit leeren Händen zugehen können und der uns annimmt, wie wir sind. Als Menschen, die ihm lieb und teuer sind.

Zu glauben an einen Gott, der uns erhört, wenn wir bitten:
»Ach bleib mit deiner Gnade bei uns, Herr Jesu Christ,
dass uns hinfort nicht schade des bösen Feindes List.« (EG 347,1)

Der Jesus ist dem Herrgott sein Sohn
Gottesdienst über Solus Christus mit dem Heidelberger Katechismus

Christian Schwarz

Predigttext: aus dem Heidelberger Katechismus

Von Gott dem Sohn

Frage 29
Warum wird der Sohn Gottes Jesus, das heißt »Heiland«, genannt?
Weil er uns heilt von unseren Sünden, und weil bei keinem anderen ein solches Heil zu suchen noch zu finden ist.

Frage 31
Warum wird er Christus, das heißt »Gesalbter«, genannt?
Er ist von Gott dem Vater eingesetzt und mit dem Heiligen Geist gesalbt zu unserem obersten Propheten und Lehrer, der uns Gottes verborgenen Rat und Willen von unserer Erlösung vollkommen offenbart; und zu unserem einzigen Hohepriester, der uns mit dem einmaligen Opfer seines Leibes erlöst hat und uns alle Zeit mit seiner Fürbitte vor dem Vater vertritt; und zu unserem ewigen König, der uns mit seinem Wort und Geist regiert und bei der erworbenen Erlösung schützt und erhält.

Frage 32
Warum wirst aber du ein Christ genannt?
Weil ich durch den Glauben ein Glied Christi bin und dadurch an seiner Salbung Anteil habe, damit auch ich seinen Namen bekenne, mich ihm zu einem lebendigen Dankopfer hingebe und mit freiem Gewissen in diesem Leben gegen die Sünde und den Teufel streite und hernach in Ewigkeit mit ihm über alle Geschöpfe herrsche.

Wie sprechen Sie von Gott, wenn Sie über Gott reden oder mit Gott reden? Wie sagen Sie dann?
Gott ... Vater im Himmel ... Jesus ... Herr Jesus ... oder Herrgott?

Viele ältere Menschen sagen oft: Unsern Herrgott.
Es gibt noch einen Herrgott!
Unser Herrgott schickt mir einiges!

Manchmal frage ich mich:
Brauchen wir Jesus eigentlich noch?
Wir haben doch einen Herrgott – reicht das nicht?

Die Reformatoren haben versucht zu beschreiben, was evangelischer Glaube (Glaube, wie er dem Evangelium entspricht) ist.
Sie haben einprägsame Formulierungen gebraucht, um zu beschreiben, wie wir gerettet werden:
Sola gratia – allein durch die Gnade.
Sola fide – allein durch den Glauben (nicht durch gute Werke).
Sola scriptura – Quelle ist allein die Heilige Schrift.
Und dann noch: Solus Christus – allein Christus ist es, der rettet.

Wenn Christus oder Jesus so wichtig ist, warum spielt er dann im Glauben von vielen Menschen keine große Rolle? Warum geht es immer nur um den »Herrgott«?

Jesus kommt uns nahe – zu nahe? –
- mit seiner Güte;
- aber auch mit seinem Anspruch.

»Warum wird der Sohn Gottes Jesus, das heißt »Heiland«, genannt?
Weil er uns heilt von unseren Sünden, und weil bei keinem anderen ein solches Heil zu suchen noch zu finden ist.«

Wenn wir Jesus nicht haben, dann fehlt uns etwas Wichtiges von Gott.

Gott, der uns so nah kommt wie nie zuvor.
Im Alten Testament deutet sich das schon an: nicht der ferne Gott, sondern der mitfühlende, emotionale Gott.

Im Neuen Testament kommt Gott nicht im Wort durch seine Propheten – er kommt selbst: Gott selbst wird Mensch. Das Wort wurde Fleisch, und wir sahen seine Herrlichkeit.
Prophet, Lehrer, Hoherpriester, König – alle Ämter des Alten Testaments fließen in ihm zusammen.

1. Jesus kommt uns nahe … mit seiner Güte: Dir sind deine Sünden vergeben!

»der uns mit dem einmaligen Opfer seines Leibes erlöst hat und uns alle Zeit mit seiner Fürbitte vor dem Vater vertritt«

Da bringen ein paar Männer ihren gelähmten Freund zu Jesus. Das Haus ist voll mit Menschen. Sie brechen das Dach auf und lassen ihn von oben herab. Da liegt er auf seiner Matte vor Jesus.

Jesus sollte jetzt eigentlich sagen: Nimm dein Bett und geh!
Das sagt er auch, aber erst später.
Wissen Sie, was er zuerst sagt zu diesem Mann, den er vermutlich zum ersten Mal sieht?
»Kind, deine Sünden sind dir vergeben.« (Mk 2,5)

Der Mann wollte doch nur an seinem Körper geheilt werden.
»Herr Doktor, können Sie mir bitte etwas aufschreiben für meinen Magen?«
Und jetzt sagt Jesus: »Deine Sünden sind dir vergeben.«
Auf einmal steht er direkt bei ihm.
Wie einer, der dir tief in die Augen sieht,
und auf einmal ist alles vor ihm ausgebreitet,
deine ganze innere Seelenlandschaft,
so chaotisch und verstörend sie wirkt –
du kennst dich manchmal selbst nicht aus,
und Bereiche gibt es, wo du dich selber schon lange nicht mehr hintraust,
Gefühle und Gedanken, die dir selber Angst machen und dich quälen,
Dinge, die du keinem sagen kannst,
weil sie viel zu tief gehen
und dich dann vielleicht niemand mehr mag …

Und Jesus sieht es und kommt so nahe, wie kein Mensch kommen kann,
Jesus, der einer von uns ist und doch ganz anders,
und er sieht und erkennt
und weiß, wo du Hilfe brauchst,
er legt den Finger auf die Wunde,
aber nicht um noch tiefer aufzureißen,
sondern um zu heilen und zu verbinden.

»Kind, deine Sünden sind dir vergeben.«
Schau, Gottes Kind bist du zu allererst,
das ist mal das Wichtigste,
damit fangen wir an,
und das kann niemand dir nehmen,
denn der himmlische Vater hat dich von Anfang an geliebt.
Und deshalb kümmert er sich um dich,
auch wenn du nur einer unter acht Milliarden bist,
der himmlische Vater hat jedes Haar auf deinem Kopf gezählt.

»Dir ist vergeben.«
Was dich innerlich krank macht, aufreibt, zerstört –
es gibt eine Macht, um dich wiederherzustellen,
meine Liebe.
Du sehnst dich nach ihr, auch wenn du manchmal vor ihr davonläufst –
lass sie zu, lass dich von ihr berühren,
lass sie fließen,
und all das Verhärtete bricht auf
und Wunden werden geheilt.

So nahe kommt uns Jesus mit seiner Güte.

2. Jesus kommt uns nahe ... mit seinem Anspruch: Komm und folge mir nach!

»mich ihm zu einem lebendigen Dankopfer hingebe«

Vielleicht war es nur ein bisschen smalltalk –
über das Wetter, über die Arbeit, über Gott und die Welt eben,
wie sie da saßen am See und ihre Netze in Ordnung brachten nach getaner Arbeit,
vor der nächsten Ausfahrt.
Man schwätzt miteinander und denkt an nichts Böses,
die Welt geht ihren Gang, man lässt ein paar Kommentare dazu ab,
die Politik darf natürlich nicht fehlen
(das Image der Politiker war wahrscheinlich schon immer schlecht),
und auf einmal, wie aus heiterem Himmel,
nimmt das Gespräch eine Wendung,
und er sagt zu ihnen:
»Kommt und folgt mir nach!«

Vielleicht fanden sie diesen Jesus aus Nazareth ja ganz interessant,
klug,
man konnte ihm gut zuhören.
Ja, es hatte schon was, wenn er mit einem sprach.
Aber man hatte immer über irgendwelche Dinge geredet, auch über andere Menschen,
aber nie so richtig über sich selbst.
Und jetzt sagt er auf einmal so einen Satz:
»Kommt und folgt mir nach!«

Das ist wie ein Schlag in die Magengrube,
ein Anschlag auf das Leben, das man weiter so führen sollte wie bisher,
ich meine, es kann doch nicht einfach einer kommen und sagen:
Ab heute soll alles anders gehen,
ab heute gehst du mit mir!
Wie kann dieser Jesus sich anmaßen,
von meinem Leben Besitz zu ergreifen,
ich bin doch ein erwachsener Mensch,
der seine eigenen Entscheidungen trifft und seinen eigenen Weg geht,
und jetzt das:
»Kommt und folgt mir nach!«

Direkt vor dir steht er und sieht dir in die Augen,
und du weißt: In diesem Augenblick geht es wirklich darum,
ob du am Leben vorbeigehst oder ihm begegnen wirst,
ob du deinen eigenen Plänen folgen willst,
wohl ausgedacht und in sich plausibel,
aber doch immer getragen vom Gedanken,
wie es für dich selbst am besten laufen möge,
oder ob du dich von ihm führen lässt,
seiner Stimme folgst
und darauf hörst, wohin sie dich leitet.
So nah ist er bei dir, mitten in deinem Leben,
und er weiß am besten, was du brauchst,
und weiß am besten, wo er dich braucht,
wo andere dich brauchen und diese Welt:
»Kommt und folgt mir nach!«

So oft hast du's schon gehört in deinem Leben,
bist ihm manchmal gefolgt und hast seine Stimme manchmal geflissentlich überhört,
wohl wissend, dass du Eigenes aufgeben müsstest, um ihm zu folgen.
Wenn er das nächste Mal ruft und du seine Stimme hörst:
Geh mit, folge ihm und entdecke das Leben, das ER dir schenkt.

Solus Christus haben die Reformatoren gesagt: Allein Christus. So nah.
Ganz bei dir.

Allein der Glaube und keine Bilder
Predigt über Ex 20,4–5a

Berthold W. Haerter

Diese Predigt entstand zum einen, weil ich den Auftrag hatte, über das reformatorische »Sola fides« zu predigen. Zum anderen hatte ich den sehr aufschlussreichen Aufsatz von Dr. Andreas Mertin »Der reformierte Blick auf die Bilder« gelesen.

1. Bilder verschönern

Ich möchte Ihnen zwei Fragen stellen und einen Moment Zeit zum Nachdenken geben. Überlegen Sie doch einmal, welche Bilder bei Ihnen zu Hause hängen. *(Pause)*
Und dann versuchen Sie sich bei zwei oder drei Bildern zu erinnern, warum Sie diese Bilder aufgehängt haben.

Haben Sie Bilder als Erinnerungen aufgehängt, Erinnerungen an Menschen, an Erlebnisse, besondere Momente?
Oder haben Sie Bilder an Ihren Wänden, weil Sie diese schön finden, weil Sie Ihnen gefallen oder weil sie Ihnen gut tun?
Sollen die Bilder Farbe in die Wohnung bringen?
Sind Bilder in unseren Wohnungen, weil wir sie geerbt haben oder weil sie wertvoll sind?

Sicherlich, es gibt noch andere Gründe warum genau diese Bilder in unserer Wohnung hängen.
Aber erstaunlich ist: Als die Menschen vor 40000 Jahren zu Malen begannen, taten sie es aus den gleichen Gründen. Wir finden die Bilder des Homo sapiens in Höhlen im Norden Spaniens und im Süden Frankreich. Das sind wunderschöne Bilder z. B. von einem Nashorn oder von springenden Löwen. Sie sind wahrscheinlich als Dekoration und Verschönerung geschaffen worden.

2. Gebot des Bilderverbots

Aber dann finden wir erstaunlicherweise in der Bibel das Gebot, sich kein Bild von Gott zu machen. Im 2. Mosebuch (Exodus) und im 5. Mosebuch (Deuteronomium) heißt es:
»Du sollst dir kein Gottesbild machen noch irgendein Abbild von etwas, was oben im Himmel, was unten auf der Erde oder was im Wasser unter der Erde ist. Du sollst dich nicht niederwerfen vor ihnen und ihnen nicht dienen.«

Wie kommt es zu religiösen Bildern, und warum betont Zwingli dieses Bilderverbot? Er betont es viel stärker als Martin Luther. Ja, im lutherischen wie katholischen Katechismus ist dieses zweite Gebot ersatzlos gestrichen.
Zwingli geht es bei der Betonung des Bilderverbots um das Sola fides, allein der Glaube. Alles, was davon ablenkt, stört, irritiert, falsche Vorstellungen von Gott hervorbringen könnte, das musste für ihn weg. Nur so kann allein der Glaube wie ein schöner reiner Kristall erstrahlen.

3. Zwinglis Befreiung von Bildern für allein den Glauben

Schauen wir genauer an, warum Zwingli die religiösen, die Kultbilder, denn um diese geht es, ablehnt, so sind es mehrere Gründe.

Zunächst zwei geschichtliche:
Zürich war vor der Reformation eine wohlhabende Stadt und hatte damit auch viele Bilder in den Kirchen. Man betete sie an. Und Zwingli erklärt: »Die Schrift verbietet, sich einem Geschöpf zuzuwenden, ja überhaupt ein solches abzubilden, damit es uns nicht wie Gott gefiele und von uns angebetet würde.« (Huldrych Zwingli, Schriften II, Zürich, 1995, 255)
Bilder, die man nicht anbeten kann, wie Glasbilder, störten ihn nicht.

Diese Bilder in den Kirchen waren dazu oft Stiftungsbilder von Privatleuten oder Zünften. Man schenkte sie und erwartete eine Gegenleistung der Kirche, nach der Devise: »Bild gegen Gnade« (Mertin, 13). Außerdem verewigte man sich auf den Bildern selbst, manchmal waren die Stifterfiguren grösser als die Heiligen- und Christusbilder.
Die Reichen konnten solche Bilder spenden, aber die Armen? Man versteht, dass das Volk diese Protzerei der Reichen ablehnte. 1523 fingen man in Zürich und Umgebung an, Bilder abzureißen oder zu über-

malen. Vorher hatte man die Stifter gebeten, freiwillig die Bilder aus den Kirchen zu entfernen und heim in die Wohnstube zu nehmen.

Aber da ist noch ein anderer Gedanke, warum man Gott nicht auf ein Bild bannen sollte. Dieser ist für uns heute noch interessant.
Wir engen Gott mit einem Bild ein. Mit einem Bild verbindet sich eine Vorstellung. Wir interpretieren Bilder und plötzlich ist dieses Bild wie Gott. Gott ist dann nicht mehr der freie, nicht zu fassende, uns wohl ergreifende, aber dann wieder irritierende Gott.
Gott wird mit einem Bild festgelegt und man wird gezwungen, an diesen Gott zu glauben, wie er auf einem Bild ›verewigt‹ ist. Diese einengenden Bilder von Gott sind noch heute ein Problem für uns.
Da spotten Leute über uns Christen. Sie meinen: Wir sind aufgeklärte Menschen. Wir können nicht an einen alten Mann mit einem langen, weißen Bart glauben, der auf einer Wolke sitzt.

Aber wo in der Bibel befindet sich ein solches Sprachbild von Gott? Nirgends. Diese Menschen haben das Bild eines Gottes aus der Barockzeit verinnerlicht. Es ist das Bild eines Gottes, wie es Julius Schnorr von Carolsfeld in seiner berühmten Bilderbibel (Bibel in Bildern 1860 erstmals erschienen) weiter verbreitete.
Viele Ältere von uns haben solche Gottesbilder wohl auch noch in ihren Kinderbibeln gehabt, und diese prägen! Es ist eine Festlegung Gottes in einem Bild, das uns zum Verhängnis wird und Leute noch heute dazu bringt, nicht weiter über das Thema Glauben nachzudenken.

Sola fides, allein der Glaube.
Unser Glaube soll nicht mit irgendwelchen von Menschen ausgedachten Bildern eingeschränkt werden. Wir müssen unsere eigenen Erfahrungen mit Gott machen.
Außerdem zeigt er sich uns in einem einzigen Bild, das authentisch ist: in Jesus Christus.
Wenn wir etwas von Gott und Jesus Christus erfahren wollen, dann müssen wir, mit dem 2. Helvetischen Bekenntnis gesprochen, das Evangelium nicht malen und damit festlegen.
Das Evangelium muss lebendig gepredigt werden, immer wieder neu in unsere Zeit hinein (siehe Heinrich Bullinger, 2. Helvetisches Bekenntnis, Zürich 1967, 26).

Es ist aber auch unser Recht und unsere Freiheit, selbst im Buch der Bücher nachzulesen. Die Reformation hat diese Einstellung bewusst gefördert. Wir müssen und dürfen unseren Glauben praktizieren. Wir werden dann die Erfahrung machen, dass von uns lieb gewordene Gottesbilder in unseren Köpfen plötzlich nicht mehr stimmen.

Da besuche ich eine Frau, die schwer krank ist. »Ich bete auch jetzt«, meint sie. »Mein Leben lang habe ich Gott mit ›lieb Gott‹ [typisch schweizerische Anrede] angeredet. Ein schönes Bild ist das, der liebe Gott. Aber jetzt stimmt es nicht mehr für mich. Gott ist doch nicht einfach lieb, wenn ich so leiden muss. So kommt bei meinem Beten zu Gott immer mehr das ›Warum, du, Gott? Hilf mir, Gott! Gott, ich brauche dich.‹«

Lebendiger, nicht festgelegter Glaube verändert sich mit meiner Lebenssituation. Er zerstört alte Gottesbilder in meinem Kopf und er sucht neue Bilder von Gott, die jetzt für mich stimmen. Nur so kann ich mit Gott reden.
Und wahrer Glaube kennt Zweifel, Umwälzungen, Veränderungen, Fragen. Ja, ein Glaube ist echt, wenn er die Veränderung meines Gottesbildes erlebt.
Anfechtung, Fragen, Zweifel sind geradezu das Markenzeichen eines gelebten Glaubens.

4. Glaube allein führte schon zum Bilderverbot nach Babylon
Eigentlich ist diese Erkenntnis nichts Neues. Nicht heute und nicht in der Reformationszeit.
Als die Juden nach der vernichtenden Niederlage, nach 40 Jahren Leben in Babylon als kleine, schwache, aber an Gott festhaltenden Gruppe zurück nach Jerusalem kam, da wussten sie: Jedes Bild, das wir uns bisher von Gott gemacht haben, ist falsch. (Mertin, 6)
Erst war Gott der Sieger, der die Israeliten auch vor übermächtigen Feinden bewahrte, wenn sie nur fromm waren und gute Werke taten, auch Bilder für den Tempel spendeten.
Dann wurden sie in die Gefangenschaft verschleppt und Gott – er war kein Siegerbild aus dem Tempel mehr.
Die Israeliten merkten aber, wie Gott sie still und Kraft gebend begleitete. Eine Generation später kehrte er wieder mit ihnen zurück nach

Jerusalem. Nun mussten sie mühsam das zerstörte Jerusalem und den Tempel aufbauen und schlussfolgernd legten die Theologen fest:
»Du sollst dir kein Gottesbild machen noch irgendein Abbild von etwas, was oben im Himmel, was unten auf der Erde oder was im Wasser unter der Erde ist. Du sollst dich nicht niederwerfen vor ihnen und ihnen nicht dienen.«
Das war Befreiung, Befreiung für einen Gott, und Befreiung der Bilder. Bilder mussten keine religiösen Aufgaben mehr wahrnehmen, sie konnten wieder als Verschönerung wie bei uns heute dienen.

Am Anfang sagte ich ja: Bilder waren vor 40 000 Jahren zur Verschönerung, zur Freude da, wie heute. Die Religion benutzte und missbrauchte Bilder erst ab 20 000 vor uns. Sie waren eine gute PR. Die Juden machen da seit 2500 Jahren nicht mehr mit. Und die Reformatoren entdeckten vor 500 Jahren wieder, dass religiöse, von Menschen angefertigte Bilder keine Wunder bewirken können, noch heilig, noch Bilder von Gott sein können. Der Philosoph Theodor Ardorno hat treffend formuliert: »Kein solches Bild ist möglich.« (zit. ebd.)

5. Menschen glauben in Bildern

Nun ist es aber so: Wir denken in Bildern, und die Bibel tut es auch.
Da ist das Bild vom guten Hirten. Da ist das Bild vom rettenden Gott, wie es das Mittelfenster unserer Kirche zeigt (der sinkende, von Christus gerettete Petrus). Da ist das Bild des Geborgenheit schenkenden Gottes, wie es das linke Fenster zeigt (der Vater, der den verlorenen Sohn umarmt), und das »Dennoch ist Gott da«, wie es das rechte Hoffnungsfenster zeigt (der Regenbogen und das Grün, das Dornen durchdringt).
In unseren Köpfen gibt es noch andere Bilder von Gott, und auch die Predigt lebt von Sprachbildern, wie Gott ist.
Erst wenn wir etwas von Gott denken können, können wir an ihn glauben und ihn ansprechen. Aber diese nicht festen, nur gedanklichen Bilder können wir jederzeit durch andere ersetzen. Außerdem können wir alle unsere Bilder von Gott mit dem einzigen sichtbaren Bild von Gott korrigieren: Jesus Christus. Er ist mehr als ein Bild von Gott. Er ist die menschliche Anwesenheit Gottes in dieser Welt.

6. Daher ist allein Glaube ...

An ihn, an Gott glauben, alleine, heißt befreit sein von allem, was uns von Gott gezeigt, gesagt, anerzogen wurde, wie und wer Gott ist.

Gott ist immer noch der ganz andere.

An ihn zu glauben – allein – heißt:

- seine eigenen Erfahrungen mit Gott machen dürfen;
- sich sein Bild von Gott innerlich immer wieder neu aufzubauen;
- Gott zu erleben, der mich persönlich ergreift und drängt, davon zu reden.

Glauben heißt selbst zu erfahren: ER ist da! Er umgibt mich!

Glaube allein heißt, zweifeln dürfen.

Anfechtungen durchzustehen in der Gewissheit, Gott ist stärker und überlebt mit mir jede Anfechtung.

Zu diesem Gott kann ich beten und erfahre, was am Ende des Matthäusevangeliums steht: Jesus sagt: Und seid gewiss: Ich bin bei euch alle Tage bis an der Welt Ende.

Bekenntnis – ja oder nein?
Predigt zum Reformationsfest

Nadja Papis-Wüest

Zur Bekenntnissituation in der Schweiz:
Nach einem regelrechten Bekenntniszwang im 19. Jahrhundert gab die Schweizerische Kirchensynode nach lange andauernden theologischen Richtungskämpfen das Bekenntnis frei. Verschiedene Bekenntnisse waren erlaubt sowie das Weglassen jeglichen Bekenntnisses. Diese Bekenntnisfreiheit blieb aber nie unbestritten. So schuf eine Initiativgruppe unter der Leitung von Pfarrer Dr. Matthias Krieg 2006 ein »Werkbuch Bekenntnis«, um die Diskussion erneut anzuregen und wenn möglich (wieder) ein gesamtschweizerisches Bekenntnis einzuführen. Der Schweizerische Evangelische Kirchenbund führte dann in den Jahren 2010 bis 2011 eine Vernehmlassung (Anhörung) durch, die 2012 mit einem Bericht abgeschlossen wurde. Die Bekenntnisfreiheit blieb bestehen, aber es wurden viele Projekte zum Thema »Bekennen« durchgeführt und auch eine Sammlung von Reformierten Bekenntnissen herausgegeben. Diese Sammlung enthält 21 Bekenntnisse und eine Leerstelle, an der einst ein moderner Katechismus stehen soll. Dies alles dient der Unterstützung, nicht dem Zwang zum einheitlichen Glauben.

Liebe Gemeinde, Bekennen ist wie Beten ein Grundvorgang des Glaubens, schreibt Matthias Krieg in einer Kursausschreibung zum Werkbuch über Bekenntnisse. Wie bei der Begrüßung erwähnt, gibt es eine Bewegung in unserer reformierten Landeskirche, die das Bekenntnis wieder einführen möchte. Seit einiger Zeit läuft die Vernehmlassung dazu. Seit Jahrzehnten glauben und feiern wir in unserer reformierten Kirchgemeinde bekenntnisfrei, d. h. wir halten daran fest, dass jede und jeder die Möglichkeit hat, ein eigenes Bekenntnis zu haben und sich doch mit anderen zu einer Gemeinschaft zusammenzufinden.
So etwas wäre zu Zeiten von Luther und Zwingli unmöglich gewesen. Die Familienväter waren dazu aufgerufen, dass die Kinder schon früh den Katechismus verinnerlichen, und auch die Erwachsenen empfanden sich durch solche bekenntnisartigen Lehrbücher dem einen oder

anderen Glauben zugehörig. Es ist noch nicht lange her, dass in unseren Kirchen traditionell das Glaubensbekenntnis gesprochen wurde, nicht zuletzt von denen, die sich konfirmieren lassen wollten. Und noch heute ist es in den Kirchen unserer Nachbarländer Brauch, sich in jedem Gottesdienst auf ein Bekenntnis zu berufen. Für uns allerdings wäre das ungewohnt, fremd und vielleicht auch schwierig. Ich stelle es mir ähnlich wie beim Unser-Vater-Gebet vor. Das beten wir in jedem Gottesdienst, wirklich in jedem. Es ist ja bei uns Reformierten hier in der Schweiz eigentlich das einzige, das alle auswendig können und miteinander sagen im Gottesdienst. Ehrlich gesagt liegt mir nicht gerade alles am Unser-Vater, aber es hat seinen großen Wert eben darin, dass es biblisch ist, dass es christlich ist und dass es in wenigen Worten viel aussagt.
Biblisch ist es, weil es auf Jesus Christus zurückgeht, zumindest teilweise. Und weil Jesus den Leuten damit sagen wollte: Wenn ihr betet, sprecht mit Gott wie mit einem vertrauten Menschen, wie mit einem liebevollen Vater. Heute würden wir wahrscheinlich ein anderes Gottesbild suchen, aber damals war der zugewandte Vater das Nächstliegende. Christlich ist das Unser-Vater, weil es alle Christen und Christinnen kennen und beten. Das verbindet uns innerhalb unserer Religion und über alle Zeiten hinweg. Es sagt viel in wenigen Worten, manches ein wenig schwer verständlich für uns heutige Menschen. Unser Glaube würde heute andere Bilder und Worte brauchen, trotzdem bete ich das Unser-Vater gern.

Aber wie ist es jetzt mit dem Bekenntnis? Könnten wir uns vorstellen, jeden Gottesdienst das gleiche Bekenntnis zu sprechen, quasi so wie das Unser-Vater?
Bekennen finde ich etwas Schönes und Wichtiges. Ich gebrauche das Wort gern, zum Beispiel im Gespräch mit einem Brautpaar oder mit Taufeltern. Mit der Taufe eines Kindes und auch mit der kirchlichen Trauung bekennen wir uns zueinander und zur Kirche, sogar die, die sonst kaum etwas mit der Kirche zu tun haben. Wenn wir unsere Kinder in die Kirche schicken, bekennen wir unsere Zugehörigkeit, ob das ›in‹ ist oder nicht, ob es schwierig ist oder nicht. Sich zu etwas oder zu jemandem zu bekennen, ist nicht modern. Heute muss alles schnell und unverbindlich, möglichst spontan und unkompliziert sein. Da ist das Bekennen und auch das Eingehen tiefer Bindungen und langanhaltender Beziehungen etwas Ungewöhnliches. Und trotzdem spüre ich immer wieder, dass Menschen sich bekennen möchten und dass sie sich nach tiefen Bindungen seh-

nen. Es ist nur nicht mehr selbstverständlich, und darum muss jeder und jede den eigenen Weg, das eigene Bekennen und die eigene Wahrheit finden. Das ist ein ziemlicher Anspruch, viele scheitern daran. Wäre es nicht einfacher, man hätte ein Rezept, quasi vorgegeben? Nicht nur für Beziehungen, sondern auch für den Glauben? Wenn wir das religiöse Erleben der heutigen Menschen anschauen, dann basteln viele ein wenig herum, viele haben sich abgewandt und viele nehmen einfach das, was gerade am nächsten liegt, oder das, was sie von zuhause mitbekommen haben. Das eine wie das andere birgt Gefahren.

Kann uns ein gemeinsames Bekenntnis helfen, wieder zu einer Einheit zu werden? Kann es Gemeinschaft stiften?
Ja, denn eigentlich hat ein Bekenntnis keinen anderen Zweck, als Gemeinschaft zu stiften. Nur – was mache ich, wenn mich das Bekenntnis, das die Landeskirche wählt, ausschließt? Wenn sie zum Beispiel Formulierungen braucht, die mich als Frau demütigen? Oder wenn etwas von der Jungfrau Maria drin steht, was ich einfach nicht glaube? Oder wenn Gottesbilder gebraucht werden, die manche verletzen? Die Frage ist nämlich nicht, ob ein Bekenntnis oder nicht, sondern welches, wie es tönt, wer's verfasst. Leider bin ich da pessimistisch. Ich habe im Studium erlebt, wie wir wegen der neuen Zürcher Bibelübersetzung stundenlang ausgefragt wurden und vernehmlassen konnten, was uns sprachlich und von der Sprachgerechtigkeit her wichtig sei. Heute ist nichts davon in der neuen Zürcher Bibel enthalten. Und ich sehe das Gebetsbuch, welches die Zürcher Landeskirche für alle Mitarbeitenden und Behördenmitglieder herausgibt, und merke, wie traditionell, wie trocken und patriarchal es formuliert ist.

Die Idee der Bekenntnisfreiheit ist genau darum aufgekommen: Damit jede und jeder ein eigenes Bekenntnis finden und auch sprechen kann. Damit ich meine Bilder und Glaubensvorstellungen, meine Gotteserfahrung bekennen kann und nicht etwas nachplappere, was mir nicht entspricht oder mir sogar widerspricht. Eigentlich ist es ein schöner Gedanke, der von der Freiheit, aber er stellt große Ansprüche an die Gläubigen. Und wenn wir unsere Gottesdienste anschauen, dann sehen wir die Folge davon: Es gibt kein Glaubensbekenntnis mehr in unseren Feiern. Viele sind nicht bekenntnis*frei*, sondern bekenntnis*los* geworden. Ich denke, wir könnten dem entgegenwirken, indem wir dem Bekenntnis einen festen Platz im Gottesdienst einräumen und jedes Mal ein anderes vorlesen. Und indem wir Kinder und Jugendliche in die Arbeit am und mit dem eigenen Bekennen einführen. Hier in Langnau machen wir das seit Jahren.

Das wäre für mich echt reformiert. Die reformierte Tradition hält ja daran fest, dass jeder einzelne und jede einzelne verantwortlich sind für ihr Glaubensleben. Die reformierte Tradition hält auch am Grundsatz fest, veränderbar zu sein. Und nicht zuletzt halten wir in der Tradition von Paulus daran fest, frei zu sein: Der Buchstabe tötet, aber der Geist macht lebendig. (2 Kor 3,6b)
Ein neues Bekenntnis wird mich nicht umbringen, aber ich glaube daran, dass unser Geist und vor allem die Kraft Gottes auch Wege um das Bekenntnis herum findet und wir es als menschliche Hilfestellung, als Werkzeug anschauen können und nicht als Zementierung unserer Freiheit. Mir persönlich wäre es trotzdem lieber, wir würden uns weiterhin selber bekennen können, so wie es uns möglich ist – auch bekenntnislos, aber vor allem bekenntnisfrei.

Paraphrase zum Apostolikum

Der folgende Text wurde in der Kirchgemeinde Langnau erarbeitet.

Wir glauben an Gott – das Leben, die Liebe, die Vollkommenheit.
Wir glauben an Gott – den Ursprung, das Fundament, die Zukunft der weiten Welt und unseres begrenzten Lebens.
Wir glauben an Jesus Christus, der Zeugnis dafür ist, dass Gott sich mit uns verbindet und Mensch wird; der den Weg des menschlichen Lebens durchmisst, der an Menschenmacht zerbricht und stirbt, der dann von Gottesmacht auferweckt wird.
Was gilt, ist das Leben, nicht der Tod, – niemand geht im Gedächtnis Gottes verloren – was bleibt, ist die Gewissheit einer erlösten Welt.
Wir glauben an den Heiligen Geist, die Kraft Gottes, die alles belebt und Richtung gibt.
Sie verbindet Menschen, die durch die Liebe Gottes heil werden.
Wir glauben, dass Gott unsere Fehler vergibt und uns einen Neuanfang schenkt.
Wir glauben, dass wir im Licht Gottes über den Tod hinaus geborgen sind. Amen.

Gehalten – auch ohne Papst
Predigt über Mt 16,13–19 zum Reformationsfest

Markus Engelhardt

Liebe Gemeinde! Nein, es ist kein Missverständnis und kein Versehen, dass ich ausgerechnet für den Sonntag vor dem Reformationstag diesen Abschnitt aus dem Matthäusevangelium als Predigttext ausgewählt habe. Denn dieser Text ist gar nicht der biblische Kronzeuge für die Institution des Papsttums, für den er immer wieder gehalten wird, nicht zuletzt von der römisch-katholischen Kirche selber. Seine Verheißung, dass selbst die Pforten der Hölle die christliche Gemeinde nicht überwältigen werden, gilt allen Kirchen. Sie gilt auch uns, den Kirchen der Reformation. Und sie ist die denkbar beste Grundlage, die heute fälligen Reformen in unserer Kirche anzupacken, ohne zu verzweifeln. Denn wer keine Angst um seine Zukunft hat, dem fällt es leichter, sich nicht am Hergebrachten festzuklammern, sondern Neuland zu betreten. Ecclesia semper reformanda.

I.

Die römisch-katholische Kirche sieht in der Verheißung an Petrus, wonach Christus auf diesen Felsen seine Gemeinde, also die Kirche, bauen wolle, die biblische Gründungsurkunde für das Petrusamt. In großen Lettern schmückt diese Verheißung die Kuppel des Petersdoms in Rom: »Tu es Petrus, et super hanc petram aedificabo ecclesiam meam« – Du bist Petrus, und auf diesen Felsen will ich meine Kirche bauen. Auch ein aufrechter Protestant, wenn er einmal unter der Kuppel von St. Peter gestanden hat, kann sich dem überwältigenden Eindruck dieses Anblicks schwer entziehen. Wir brauchen uns nicht lange mit der Frage aufhalten, wer oder was hier eigentlich mit dem »Felsen« gemeint ist: Ist es das *Bekenntnis* zu Jesus Christus als dem Sohn Gottes, das Petrus hier ablegt? So ist die Stelle vom 3. Jahrhundert an häufig ausgelegt worden: Der rechte christliche Glaube ist dann das Fundament, auf dem die Kirche erbaut wird. – Oder ist es *Christus selbst*? Viele haben als Konfirmationsspruch das Pauluswort erhalten, das wir gerade gesungen haben: »Einen andern Grund kann niemand legen als den, der gelegt ist, welcher ist Jesus Christus« (1 Kor 3,11). Oder ist es am Ende doch die *Person Petrus*, wie es die heutigen Exegeten, sowohl auf evangelischer wie auf katholischer Seite, weithin verstehen?

Wir können diese Fragen und den Streit um ihre Beantwortung auf sich beruhen lassen. Er ist theologisch und exegetisch höchst interessant. Aber für eine evangelische Predigt über diesen Text ist er unerheblich. Denn eines ist sicher: Von der Verheißung an Petrus zum römischen Papstamt führt kein direkter Weg. Das Matthäusevangelium denkt weder überhaupt an ein Petrusamt noch macht es irgendwelche Andeutungen darüber, dass es eine ununterbrochene Nachfolge in einem solchen Amt geben solle. Überdies sagt Matthäus über den Jünger Petrus nichts, was nicht auch für alle anderen Jünger gilt. Dieses letzte Argument verwendet Luther in seiner Auseinandersetzung mit der römischen Kirche von Anfang an. 1520 schreibt er:

»Von den Worten des Matthäus her hat man die Schlüssel allein St. Petrus zugeeignet, aber derselbe Matthäus hat im 18. Kapitel dieses irrige Verständnis widerlegt, wo Christus zu allen insgesamt sagt: ›Fürwahr, ich sage euch: Was ihr werdet binden auf Erden, soll gebunden sein im Himmel, und was ihr werdet auflösen auf Erden, soll gelöst sein im Himmel.‹ Hier ist es klar, daß Christus sich selbst auslegt und in diesem Kapitel das vorhergehende erklärt, nämlich daß St. Petrus an Stelle der ganzen Gemeinde, und nicht um seiner Person willen, die Schlüssel gegeben sind«.
Bei K. Bornkamm/G. Ebeling (Hg.), M. Luther. Ausgewählte Schriften, Frankfurt 1982, Bd. 3, 44.

Soweit Luther. Und *so* gesehen können wir den alten Lehrsatz der katholischen Kirche auch ganz unbefangen evangelisch hören und positiv aufnehmen: Ubi Petrus, ibi ecclesia – Wo Petrus ist, da ist die Kirche. Aber »Petrus« eben nicht als Inhaber einer obersten Jurisdiktionsgewalt, sondern als Inbild des von Gott gerechtfertigten Sünders.
Das Papstamt bleibt auch nach fast 500 Jahren eines der schwierigsten Hindernisse auf dem Weg zur Einheit oder – sagen wir bescheidener – zur Kirchengemeinschaft zwischen Rom und Wittenberg. Das gilt auch angesichts des Wirkens des gegenwärtigen Papstes Benedikt XVI. und seiner Vorgänger seit dem 2. Vatikanischen Konzil. Immerhin hat dies der letzte Papst, Johannes Paul II., selber erkannt und ausgesprochen.

In seiner heute leider etwas vergessenen Ökumeneenzyklika von 1995 »Ut unum sint« wird zum ersten Mal überhaupt von einem Papst anerkannt, dass sein Amt eine Provokation und auch ein Hindernis auf dem Weg zur Einheit der Christenheit darstellt. Und er lädt zum Ende der Enzyklika alle christlichen Kirchen ausdrücklich ein, in einen Dialog über das Petrusamt einzusteigen.

Man kann es ja als protestantischer Christ, bei aller Distanz, nicht leugnen und sich in vielem auch nur darüber freuen: Päpste wie Johannes Paul II. oder der unvergessene »Papa buono« Johannes XXIII. geben dem christlichen Glauben eine weltweite Ausstrahlung. Wenn Johannes Paul II. in Jerusalem zum Frieden mahnte, in Brasilien zur Gerechtigkeit und in der Ukraine zur Versöhnung, wenn er, äußerlich gebrechlich, aber in der Botschaft unerschütterlich und glasklar, dem kriegslustigen George Bush sein Nein zum völkerrechtswidrigen Einmarsch in den Irak entgegenschleuderte: dann wurde er nicht nur gehört als der Bischof von Rom oder der Papst der römisch-katholischen Kirche, sondern dann wurde er von vielen wahrgenommen als Sprecher der Christenheit in einer Welt, die die Botschaft des Evangeliums nötiger hat denn je.

Mich hat das damals schon bewegt, wie bei den großen Jugendtreffen, die dieser Papst ins Leben gerufen hatte, die Jugendlichen seine Hinfälligkeit nicht als Makel empfanden, sondern als Gottes Kraft, die in den Schwachen mächtig ist, wie Paulus das im 2. Korintherbrief ausdrückt – und eben davon fasziniert waren, so dass sie millionenfach zu diesem Papst strömten. Erst recht dann, es als galt, Sterbebegleitung für ihn zu leisten. Und am jetzigen Papst [Benedikt XVI.] wiederum beeindruckt mich, dass er in seinem Stil, seiner unübersehbaren Konzentration auf das »Wort«, die Auslegung der Hl. Schrift, gewissermaßen ein geradezu »protestantischer« Papst ist. Viel mehr als jeder seiner Vorgänger. Nicht umsonst hat sich die Redewendung eingebürgert: »Zu Johannes Paul II. ging man, um ihn zu *sehen*. Zu Benedikt XVI. geht man, um ihn zu *hören*«. »Der Glaube kommt aus dem Hören«, sagt Paulus im Römerbrief. Eine für reformatorisches Denken ganz zentrale Aussage, die für den jetzigen Papst elementar wichtig ist. Sie sehen: Auch aus evangelischer Perspektive kann das Papsttum in der konkreten Person zu hohem Respekt nötigen.

Und dennoch: Die Autorität des Papstamtes ist nicht einem Benedikt XVI. oder Johannes Paul II. oder Johannes XXIII. vorbehalten. Sie wird nach römischem Verständnis jedem verliehen, der auf den Stuhl Petri gewählt wird. In der Geschichte des Papsttums aber gab es weiß Gott nicht nur Lichtgestalten, sondern auch rechte Dunkelmänner. Der Papst bleibt auch als Papst Mensch, er ist vor Irrtum und Selbstüberschätzung nicht gefeit. Als protestantischer Christ brauche ich nicht nur kein Papstamt, ich will es letztlich auch nicht. Ich sehe seine enormen positiven Möglichkeiten. Aber noch mehr scheue ich seine Gefährdungen.

II.

Ob jedoch evangelische oder römisch-katholische oder orthodoxe Kirche – die Verheißung Jesu Christi gilt ihnen allen: »Die Pforten der Hölle sollen die Kirche nicht überwältigen.« Keine Kirche könnte eine solche Zuversicht auf irgendwelche menschlichen Fähigkeiten und Qualitäten gründen. Es ist allein der Beistand und die Zusage Gottes, die es möglich machen, so von der Kirche zu reden und damit alle Ängste um die Zukunft der Kirche zu verjagen. Luther hat einmal mehr den Nagel auf den Kopf getroffen: »Wir sind es doch nicht, die da die Kirche erhalten könnten, unsere Vorfahren sind es auch nicht gewesen, unsere Nachkommen werden's auch nicht sein, sondern der ist's gewesen, ist's noch und wird's sein, der da spricht: ›Siehe, ich bin bei euch bis an der Welt Ende‹«.

Was ist nun damit gemeint, dass »die Pforten der Hölle die Kirche nicht überwältigen« werden? Wir brauchen dazu nur auf die Verfolgungszeiten der Kirche zu sehen. Sie kehrten über die Jahrhunderte in immer neuen Gestalten wieder, und viele von ihnen *waren* die Hölle. Noch keine 100 Jahre ist es her, dass die stalinistische Gewaltherrschaft in Osteuropa die Kirchen zu bedrücken begann und unzählige Christen als Märtyrer sterben ließ. In der Sowjetunion dauerte das von 1917 bis gegen Ende des 20. Jahrhunderts an. Diese lange Zeit ist es auch, die mich dieses Beispiel und nicht die NS-Diktatur wählen lässt. Man mag sich nicht ausmalen, was Christen im Herrschaftsbereich der Nazis passiert wäre, hätte die NS-Diktatur auch über Jahrzehnte Bestand gehabt. Unter der stalinistischen Gewaltherrschaft jedenfalls wurde die Kirche aus der Öffentlichkeit verdrängt, die Gläubigen mussten überall Nachteile hinnehmen, Kirchengebäude wurden zweckentfremdet oder geschleift. Aber nach der Wende zeigte sich etwas schier Unglaubliches: Die Kirche lebte, die Hölle, durch die sie hindurchgegangen war, hatte sie nicht verschlungen, das Blut der Märtyrer war auch in diesem Fall der Same einer neuen Blüte.

Es fällt mir schwer, über solche Vorgänge zu reden. Denn ich gehöre zu einer Generation, die aus eigener Anschauung noch nichts erlebt hat, was für die Kirche auch nur annähernd so etwas wie die Hölle bedeutet hätte. Wir sind weithin Schönwetterchristen, die eisiger Kälte und sengender Hitze noch nie ausgesetzt waren. Gott sei Dank! Niemand sehnt sich danach, die Hölle zu durchleben oder in ihr umzukommen. Aber manchmal täte es uns ins Dauerjammern verliebten deutschen Protestanten gut, uns vor Augen zu halten, was *wirklich* bedrängend ist für die Kirche. Und wenn es uns zustieße – gebe Gott, dass wir im Vertrauen auf den Beistand Gottes standhaft bleiben und unseren Glauben tapfer bekennen.
Damit ist nicht von ferne zu vergleichen, dass sich die Kirche unter veränderten Rahmenbedingungen selbst verändern muss und dass wir dabei manches von dem, an das wir uns über noch mehr als sieben Jahrzehnte gewöhnt hatten, nicht erhalten können. Das tut, wie jeder Abschied, weh. Aber Jesus hat Petrus – und in ihm uns – nicht verheißen, dass es für die Kirche eine Art Besitzstandswahrung gibt. Nein, er hat ihm, neben der Zusage mit den Pforten der Hölle, nur noch ein zweites verheißen: nämlich dass er ihn »gürten«, also unentkommbar an seinen, Jesu, Willen binden und dorthin führen werde, wohin er, Petrus, nicht will. Also nicht dahin, wo es heimelig ist, wo Petrus Lorbeeren ernten kann. Sondern dahin, wo es weh tut. Im Blick auf den konkreten Petrus waren damit Rom und das Martyrium gemeint. Was kann es für uns heißen? Die Veränderungen, die derzeit nicht nur bei uns in Freiburg vielen Gemeinden zugemutet werden, tun manchmal weh, aber sie sind nötig, um uns auf eine grundlegend gewandelte Situation einzustellen. Aber weil uns Jesus Christus die Angst um die Zukunft der Kirche nimmt, sind wir frei, ohne Gefühle der Panik über fällige Reformen nachzudenken und sie anzugehen.

III.

Der Rat der EKD hat es vor fünf Jahren unter dem programmatischen Titel »Kirche der Freiheit« in einem Impulspapier »Perspektiven für

die evangelische Kirche im 21. Jahrhundert« entworfen. Dieser Text steht und fällt damit, dass er die Erneuerung unserer Kirche unter den Grundsatz rückt: »Geistliche Profilierung statt undeutlicher Aktivität: Wo evangelisch draufsteht, muss Evangelium erfahrbar sein.« Die Kirche soll also nicht alles Mögliche machen, sich nicht in manchmal sehr veräußerlichte Betriebsamkeit verlieren, sondern sich konzentrieren auf das, worauf es ankommt, was ihrer Sendung in die Welt gemäß ist. An *dieser* Stelle habe ich auch keine Probleme mit dem z.Zt. durch die Debatte geisternden ungewöhnlichen Wort von der »Entweltlichung«, die der Papst heute vor fünf Wochen hier in Freiburg seiner Kirche als Gesundungsprogramm verschrieben hat. Diese Therapie täte in mancher Hinsicht auch uns gut. Es ist jedenfalls für die geistliche Verfassung unserer Kirche kein gutes Zeichen, dass wir landauf, landab mit ungleich mehr Energie und Leidenschaft über »Vorletztes« wie den Erhalt kirchlicher Immobilien streiten als über zentrale Inhalte wie etwa das Verständnis von Tod und Auferstehung Jesu.
Die EKD hat mit ihrem Impulspapier, das muss ich hier in dieser Kirche nicht sagen, nicht überall Begeisterung ausgelöst. Aber es gibt darin allemal Gedanken und Aussagen, die zu diskutieren sich lohnt. Dazu noch ein paar kurze Andeutungen:

Stichwort 1: *Vielfalt der Gemeindeformen.* Die Parochie, also die durch ihr Gebiet definierte Gemeinde, bleibt das Standbein der evangelischen Kirche. Aber eine größere Vielfalt von Gemeindeformen als Spielbein ist ein ganz wichtiger Weg, die Wachstumskräfte unserer Kirche zu stärken. Profilgemeinden, Gemeinden bei Gelegenheit, Richtungsgemeinden; auch die Wiederentdeckung von Kommunitäten und klosterähnlichen Gemeinschaften gehören hierher. Wer mal in unserer Personalgemeinde »dreisam3« zum Gottesdienst war und weiß, welch tolle Arbeit dort auch jenseits des Gottesdienstes geleistet wird, der ahnt, wie zukunftsträchtig solche Gemeindeformen sind.
Stichwort 2: *Qualitätssteigerung.* Es ist das Wehen des Geistes, das letztlich über die Wirkung kirchlicher Arbeit entscheidet. Aber der Heilige Geist ist nicht dazu da, unsere Nachlässigkeit, Trägheit oder Lieblosigkeit zu kompensieren. Im Impulspapier heißt es: »Das heimliche Schweigegebot über die Qualität kirchlicher Angebote muss aufgebrochen« werden.
Stichwort 3: *Ziele setzen.* Der Rückgang – die Zahl der Gemeindemit-

glieder nimmt ab, der Gottesdienstbesuch sinkt, die Taufen und Trauungen werden immer weniger – ist für die evangelische Kirche im 21. Jahrhundert kein unentrinnbares Naturgesetz. Es gibt Gemeinden, die vormachen, dass es möglich ist, sich ehrgeizige Ziele zu setzen und tatsächlich gegen den Trend zu wachsen. Wenn man sie sich näher ansieht, fällt auf, dass es stets Gemeinden sind, die ihre Energien und Ressourcen nicht in sekundäre Dinge wie Gebäude- und Haushaltsfragen verzetteln, sondern in großer Konzentration auf geistliche, theologische Themen fokussiert bleiben.

Veränderungen bringen es unweigerlich mit sich, dass Gewohntes aufgegeben werden muss. Das ist nicht leicht – umso mehr dann, wenn man verunsichert ist. Wer ängstlich in die Zukunft blickt, klammert sich an das, was ihm vertraut ist. Das ist das uralte Bild der Rückschau zu den vermeintlichen Fleischtöpfen Ägyptens. Denken Sie nur daran, wie viel politischer Mühen und Energien es vor 40 Jahren für Willy Brandt und seine damalige sozialliberale Koalition bedurfte, die Deutschen von der notwendigen Aussöhnung mit den verfeindeten Ostvölkern und der Unvermeidlichkeit des Verzichts auf die früheren deutschen Ostgebiete zu überzeugen und auf diesen ganz neuen Weg mitzunehmen.

Darum ist die Verheißung unseres Predigttextes so wichtig: Die Pforten der Hölle werden die Kirche niemals überwältigen. Das schafft Gelassenheit. Und das macht frei, Gewohntes loszulassen und Neues zu wagen. Ein Zitat aus dem EKD-Impulspapier lautet: »Im Geist des Vertrauens Vertrautes verlassen«. Aber das ist keine Erfindung aus Hannover. So hat die evangelische Kirche schon lange geredet und gesungen, die Böhmischen Brüder im 16. Jahrhundert, Klaus Peter Hertzsch aus Jena im 20. Jahrhundert: »Es tut ihn nicht gereuen, was er vorlängst gedeut', / sein Kirche zu erneuen in dieser fährlichn Zeit« (EG 243,5). Darum: »Vertraut den neuen Wegen, auf die der Herr uns weist«. (EG 395,1)

Betet und die Trümmer wegräumen!
Gottesdienst über Jes 62,6–12 zum Reformationsfest

Christel Weber

Eine zerstörte Stadt.
Fenster geborsten. Einschusslöcher. Häuserfronten abgebrochen, der Blick geht ins Innere, wo einmal Leben war.
Erwachsene hatten sich hier zu schaffen gemacht, hatten geträumt, gebaut, gewerkelt, Menschen mit Passion und Hingabe, und nach getaner Arbeit hatten sie auf ein Gläschen Wein zusammen gesessen.
Wo seid Ihr?

Ein paar Mauerreste stehen noch. Einst hatten sie die Stadt trotzig verteidigt. Und die Kinder geborgen, die in ihren Gassen gespielt hatten und abends im Dämmerlicht mit Liedern und Gebeten zu Bett gebracht wurden.
Wo seid ihr Kinder jetzt?

Hier ein Schutthaufen, da eine einzelne Wand. Ein Turm. Beziehungslos. Einst hatten sie sich aneinandergeschmiegt, die Häuser und Türme, und ein Ganzes gebildet, scheinbar unüberwindbar, *unsere* Stadt.
Wo ist deine Schönheit geblieben? Wo ist deine Kraft, uns alle zu sammeln und zu binden, geblieben?

Das Tor, jetzt ein Bogen ohne Halt, beraubt seiner Funktion. Lächerlich wie ein Nackter, der auf weiter Flur steht und ruft: Kommt doch herein! Wo hinein? Hier herein? Was soll ich denn hier?

Die Straße voller Trümmer. Hier kommt keiner mehr durch.
Aber es ist ja auch kaum jemand mehr da.
Nur hier und da durchstreift jemand die Geisterstadt.
Einige von ihnen sind unruhig, mit den eckigen Bewegungen junger, unsicherer Leute, die nicht wissen, wonach sie suchen. Sie haben Hunger.

Andere laufen mit gesenktem Kopf. So als suchten sie etwas Verlorenes, etwas Kostbares und wüssten zugleich, es ist unwiederbringlich.

Wer ist diese zerstörte Stadt?
Paderborn nach der verheerenden Bombardierung vom 27. März 1945?
Mogadischu, das jemand das Stalingrad Afrikas genannt hat?
Aleppo in Syrien?

Wer ist diese zerstörte Stadt?
Der Prophet Jesaja sagt, es ist Jerusalem.
Der Ort, wo Gott unter den Menschen wohnt.
Er ist zerstört.

»Die zerstörte Stadt ist ein Bild für den alten Bund, für den Bund, den Gott mit seinem, dem jüdischen Volk, geschlossen hat. Der hat ausgedient.« So sagen Christen schon bald nach Jesu Tod und Auferstehung: »Jetzt gibt es einen neuen Bund. Den Bund mit Christus. Jetzt ist die Kirche das wahre Jerusalem. Wir bauen es wieder auf.«

Und dann im 19. Jahrhundert, ganz populär im Kulturprotestantismus, sagen sie mit stolz geschwellter Brust: »Die zerstörte Stadt, das ist die Kirche am Vorabend der Reformation, so heruntergewirtschaftet wie sie ist, so verfallen.« Und sie haben auch gleich die Schuldigen für diese verheerende Zerstörung parat: Natürlich sind es die Altgläubigen, (aus unserer heutigen Perspektive: die Katholiken); sie haben die Stadt Gottes, sie haben die Kirche heruntergewirtschaftet, sie haben sie so zerstört, dass sie in Schutt und Asche daliegt, so dass erst Martin Luther kommen musste, um sie aus ihrem Elend zu erlösen.

Leider stimmt das nicht ganz. In diesen Wochen findet in Mühlhausen, dem Schauplatz der radikalreformatorischen Bewegung um Thomas Müntzer und Heinrich Pfeiffer, eine Ausstellung zu »Alltag und Frömmigkeit am Vorabend der Reformation« statt. Sie zeigt, dass die Zeit zu Beginn der Reformation keinesfalls düster war. Die Kirche stand in voller Blüte. Und die Kirche bot nicht nur verlotterten, geldgierigen Ablasspredigern ein Auskommen, sondern auch jede Menge Hilfeangebote, Platz für kreative, moderne Kunstwerke, phantasievolle geistliche Schauspiele und Wallfahrten.

Und so eignet sich das Bild aus dem Jesaja-Buch leider nicht, um am Reformationstag Katholiken zu schelten und uns auf ihre Kosten groß zu machen, obwohl wir es in diesen Tagen damit ja scheinbar einfach haben.

Nein, wenn wir diesen Jesaja-Text heute als Predigttext entgegennehmen wollen, als das lebendige zu uns sprechende Wort Gottes, dann können wir das Bild des Propheten Jesaja von der zerstörten Stadt nur als ein *Spiegelbild* betrachten:

Wir sind die zerstörte Stadt, *unsere* Kirche ist bis in die Grundmauern erschüttert, löcherig, zerfallen. Reste stehen noch, aber wie lange noch? Und so stemmen wir uns gegen die letzten Mauern, Presbyterien, Pfarrerinnen und Pfarrer, Jugendreferenten, diakonische Mitarbeiterinnen, und all die ehrenamtlich Mitarbeitenden und die treuen Kirchgänger, damit die letzten Mauern nicht auch noch einfallen:

Die Kinder und Jugendlichen kommen nicht mehr, die Jugendlichen nur noch mit einem Kärtchen in der Hand, um es für den Konfirmationsunterricht abzeichnen zu lassen ...
Wo finden sie die Geschichten, die sie durch's Leben tragen sollen? Im Internet oder in der Fülle der Hausaufgaben?
Finden sie sich überhaupt eingeladen bei uns? Verstehen sie noch unsere Sprache? Geben wir ihnen Raum, Glauben so zu leben, wie das zu ihrem Alter passt? Sind wir ehrlich mit ihnen?

Die Erwachsenen kommen nicht mehr. Sie erwarten von uns wenig bis gar nichts. Und sie haben ja auch Recht. »Gott ist nicht tot«, sagte Alexander Deeg, Professor für Praktische Theologie aus Leipzig, kürzlich: »Er ist nur in einem der langweiligen Gottesdienste eingeschlafen«.
Ist das, was wir glauben, langweilig?
Geht es nicht mehr um Tod und Leben, um Hass und Liebe, um Schuld und Versöhnung, um Erbarmungslosigkeit und tiefstes Erbarmen, um alles?
Warum speisen wir Sie/euch/uns mit kleinen, knüddeligen Geschichtchen ab, in denen Gott allenfalls ein netter Kerl ist, der freundlich und stumm neben uns steht? Warum trauen wir uns nicht mehr zu sagen? Weil wir so eingelullt sind in Beamtengehälter, Hierarchien und

Bürokratie, dass wir die ganze Leidenschaft, die ganze Wucht der christlichen Botschaft selbst nicht mehr in uns spüren?
Wie aber sollen wir sie dann weitergeben?
Dann doch lieber noch einen geselligen Kreis aufmachen, evangelisch Skatspielen, evangelisch tanzen, evangelisch kochen und viel wichtige Papiere ausfüllen ...
»Selbstsäkularisierung« hat Wolfgang Huber, der frühere EKD-Vorsitzende, das genannt. »Selbstbanalisierung« nennt es Michael Welker.
Nicht die angeblich gottlose Welt hat Gott an den Rand gedrängt, wir tun es ja selbst. Wir tun es ja selbst ...

Und die Armen, die ersten begeisterten Nachfolger Jesu, Menschen, die ihre Kraft und Würde in der Nähe Jesu gefunden haben, auf deren Freude unsere Kirche gegründet ist – wir helfen ihnen, wir sorgen für sie, da tun wir wirklich viel Gutes – aber sie sind nicht mehr Subjekte, Teilhaber wie am Anfang ... und sie fehlen uns so sehr in unseren Kirchen ... sie würden uns so anders aussehen lassen ...

Wir sind das, die zerstörte Stadt: wackelige Mauern mit Einschusslöchern, voller Steine in den Gassen, eine Stadt, die mit dem nächsten Skandal sturmreif geschossen werden kann.

Wie soll es weitergehen?
Erst einmal mit Gesang! Reformation ist ohne Musik nicht zu denken!
Gott loben, das ist unser Amt!
Zwei Strophen des Eingangsstückes der Deutschen Messe von Schubert: »Wohin soll ich mich wenden?«

Musik

Wie soll es weitergehen mit der zerstörten Stadt?
Wie wird sie wieder aufgebaut, »reformiert«? Denn das ist ja sicher: »ecclesia semper reformanda«. Nicht nur einmal ist Reformation, die Kirche muss immer wieder reformiert werden.
Es ist gar nicht so schwer, liebe Schwestern und Brüder.
Wir müssen die Kirche nämlich nicht reformieren.
Jetzt sind Sie enttäuscht, nicht wahr?
Das finden Sie zu billig nach all meiner Empörung, nicht wahr?

Aber Jesaja sagt klar: Er, Gott, wird Jerusalem wieder aufrichten und es zum Lobpreis auf Erden setzen. Nicht *wir* bauen die Kirche. Und das ist reformatorisch. Solus Christus. Sola gratia. Sola fide. Allein Christus, allein aus Gnaden, allein durch den Glauben. Allein Gott.

Und das entlastet herrlich. Das ist so wunderbar entspannend.
Ich muss es einfach noch mal sagen, uns allen, aber euch, den vielen haupt- und ehrenamtlichen Mitarbeitenden kurz vor dem Burnout im Besonderen:
Gott wird sich von unserem Tun oder Nicht-Tun oder Falsch-Tun nicht daran hindern lassen, seine Sache zu tun! Er ist nicht von uns abhängig.

»Gott braucht Dich nicht« heißt der provokante Titel eines Buches, das aufräumt mit dem Gedanken, Gott sei eine Art Sozialreformer, dem wir unter die Arme greifen müssten, damit er erfolgreich ist.
Nein: Allein Gott baut! Er ist am Werk!
»Einen anderen Grund kann niemand legen als den, der gelegt *ist*, welcher ist Jesus Christus« (1 Kor 3,11) – Spruch für den heutigen Reformationstag.

Und doch sollen und können wir etwas tun. Zweierlei nennt Jesaja, der Prophet:

»Ich habe Wächter über deine Mauern bestellt«, spricht er, »die den ganzen Tag und die ganze Nacht nicht schweigen sollen. Die ihr den Herrn erinnern sollt, ohne euch Ruhe zu gönnen, lasst ihm keine Ruhe, bis er Jerusalem wieder aufrichte und es setze zum Lobpreis auf Erden.«

Also ruft zu Gott! Nervt ihn! Trommelt mit den Fingern! Stampft mit den Füßen! Klappert mit den Topfdeckeln! Drückt die rote Lampe! Schaltet die Sirenen an! Lasst den Chor aufheulen!
Schreit, ruft, seufzt, betet (mit mir):

Gott, wir kriegen es einfach nicht hin – mit uns selbst nicht, mit den Menschen nicht, die wir doch eigentlich lieben, mit der Kirche kriegen wir es nicht hin, mit der Welt nicht. So viele Trümmer! So viele zerstörte Städte. So viele Menschen heimatlos. Auch bei uns. Auch in der Kirche. Wir halten es einfach nicht mehr aus.

Gott, mach du jetzt, wir wissen nicht weiter, und uns fehlt die Kraft. Wir glauben nur, Du hast es anders gedacht: menschlicher, göttlicher. Weiter, wärmer, größer, offener, fröhlicher!
Und du hast versprochen, das geknickte Rohr nicht zu zerbrechen und den glimmenden Docht nicht auszulöschen. Jetzt mach, Gott, mach und tu, und richte wieder auf, was daniederliegt.

Werft ihm eure Gebete vor die Füße! Es steht doch hier in der Bibel: All eure Sorgen werft auf Gott!
Was nützen die schönsten irischen Segenssprüche, der leckerste Kuchen im Gemeindehaus, die besten Strukturen, wenn wir nicht mehr miteinander beten können, ehrlich, ungeschminkt?
Gott wartet ...

Und dann fangt an, die Steine wegzuräumen!
Ihr Trümmerfrauen, Ihr wisst noch, wie das geht!
Anpacken, Schutt aus dem Weg wegräumen. Platz machen, damit das Volk Gottes einziehen kann, all die brothungrigen und seelenhungrigen Menschen, die nach Hause kommen wollen in die Stadt, in der Gott wohnt.

Aber noch sind da so viele Steine im Weg.

Steine, die heißen:
mangelnde Gastfreundschaft in unseren Gemeinden. Kann es wirklich sein, dass wir Tauffamilien danach beurteilen, ob sie sich »ordentlich« benehmen, statt ihre Kinder zu bewundern, ihre Freude zu teilen, sie herzlich zu begrüßen? Und das ist doch nicht Sache allein der Hauptamtlichen!
Räumt die Steine hinweg! Bereitet ihnen den Weg!

Kann es wirklich sein, dass wir unseren jungen Leuten in der Kirche nichts anderes sagen als »Psscht! Seid leise!«, statt sie mit ihren jugendlichen Gaben leuchten zu lassen? Ich bin heute aus dem Konfi-Camp gekommen: 100 junge Leute beten und singen und sitzen bis tief in die Nacht bei Kerzenlicht in der Kirche, freiwillig ...
Räumt die Steine aus dem Weg! Macht Bahn, macht Bahn!

Kann es wirklich sein, dass wir an unseren kirchlichen Privilegien festhalten wollen, für die wir in diesen Tagen mit der katholischen Kirche zusammen in Haftung genommen werden? Ca. 470 Millionen Euro an Staatsdotationen im letzten Jahr, das hat mit Kirchensteuern und Zuschüssen zu Kindergärten, Schulen etc. nicht einmal was zu tun. Das sind Gelder des Landes NRW für kirchliches Leitungspersonal, Privilegien, die aus den Entschädigungen stammen gemäß des Reichsdeputationshauptschlusses von 1803. Es stand schon in der Weimarer Verfassung, dass sie abgelöst werden sollten; und im Grundgesetz steht es genauso.
Das sind Steine im Weg! Menschen stolpern darüber.
Sie fragen zu Recht, was Privilegien denn in einer Kirche Jesu Christi zu tun haben.
Räumt sie weg!
Lasst uns Kirche dessen sein, der auch nicht wusste, wo er sein Haupt hinlegte. Und wieder frei werden, statt uns in lahmen Entschuldigungen und langatmigen Erklärungen über Staatskirchenverträge zu ergehen. Die Angst verlieren. Die Angst um uns selbst macht uns zu einem Schatten unserer selbst. Die Angst um uns selbst wird auch die letzten Mauern noch zum Einstürzen bringen.

»Bereitet dem Volk den Weg! Machet Bahn, machet Bahn, räumt die Steine hinweg! Richtet ein Zeichen auf für die Völker!«

»Für die Völker!« Wir haben einen Auftrag. »Für die Völker!« Wir, die Kirche Jesu Christi, sind nicht für uns selbst da. Niemals.
Wir denken nicht einmal an uns selbst. Gott denkt ja an uns. Dann müssen wir das nicht tun.
Wir können uns getrost vergessen. In reformatorischer Freiheit. Und werden uns gerade dadurch finden.

Und man wird uns nennen »Heiliges Volk«, »Erlöste des Herrn«, und dich, Kirche, wird man nennen »Gesuchte« und »nie mehr verlassene Stadt« …

Identität heißt nicht Harmonie
Predigt am Reformationstag über Röm 7,14–25

Heinz Behrends

»Dein Satz, wir sind uns vertraut bis auf die Haut, geht mir durch den Sinn. Er klingt nicht schlecht, doch hast du nicht ganz recht, das heißt, ob du wohl weißt, wer ich wirklich bin.«
Eines meiner Lieblingslieder von Hermann van Veen ist das, dem Sänger aus Holland.
Wer ich wirklich bin. Kann mein Gegenüber wissen, wer ich bin, wenn ich es selber nicht weiß?
Um Identität geht es in den kompliziert klingenden Worten des Apostels. Die Geschichte unseres Glaubens ist voll von Männern und Frauen, die darum gekämpft haben. Bis heute.

Da schaut er zurück auf eine Lebensphase von 15 Jahren und urteilt hart über sie. »Lieber hätte ich jemanden ermorden oder die Frau eines anderen verführen sollen«, sagt er. Was ist geschehen?
Mit 22 hat er sein juristisches Magister-Examen mit Auszeichnung abgelegt. So wie sein Vater es sich gewünscht hatte. Wie so oft, wenn man etwas erreicht hat, kommt die Depression. Auf einer Reise bei Stotternheim gerät er in ein schweres Gewitter. Dieser lebensfrohe Mensch verspricht, als er um sein Leben bangt, der Hl. Anna, dass er ins Kloster gehe, wenn er gerettet würde.
So geschieht es. Er feiert noch einmal kräftig mit seinen Kommilitonen, dann steht er vor dem Tor des Klosters, legt alles ab, seine Kleidung, seinen Namen, alles Private. Selbst die Schuld gehört ihm nicht mehr, er beichtet sie einem Vater. Seine Briefe werden geöffnet. Man tut nichts Schlechtes im Kloster, man pflegt die Gütergemeinschaft der Urkirche. Was kann daran verwerflich sein?! Das Leben zeichnet sich dadurch aus, dass man nicht mehr über sich selber verfügt. Aber seine Ängste nehmen zu. Als er die Lesung von der Bedrohung Jesu durch Dämonen hört, ruft er laut« Ich war's nicht!«. Er beichtet mehr als alle anderen, er nimmt die Regeln im Kloster ernster als die anderen Brüder. Und er

arbeitet hart. In drei Jahren ist er Priester, bald Doktor der Theologie. Ämter werden ihm anvertraut. Er hat einen Freund im Kloster, der ihn fördert: Staupitz, seinen Beichtvater. »Es ist nicht Christus, der dich erschreckt«, sagt er, »nein, Christus tröstet«.

Später, nachdem er schon lange das Kloster verlassen hatte, sagt Luther, er sei ein Pfaffe des Teufels gewesen. Um Identität zu finden, gab es nur einen Weg für ihn: den der Abtötung. Befreit von der eigenen Ziellosigkeit hatte er sich sagen lassen, was Recht ist. Ihm geht die reale Einschätzung verloren. »Als schisse ich darein«, sagt er später.
Und dabei ist doch der Weg Ausdruck seiner radikalen Lebenswünsche, der Unabgeschlossenheit seiner Person. Darin ist er mir sympathisch. Er führt einen Lebensbruch herbei. Später schreibt er: Wer befreit uns von unserem gottlosen Gewissen, das gegen sich selber sündigt? »Ich musste erst in das Urteil Gottes hineinkriechen«.

Lange Zeit vor ihm hat der Apostel Paulus dasselbe Thema zu bewältigen versucht. Die Gebote wollen dem Leben Orientierung geben, zum Leben helfen. Doch sie sind wie ein Gesetz, das verbietet. Es hilft nicht. Es macht aufmerksam auf das, was mir nicht gelingt. Sie klagen mich an. Ich mache sie dazu. Allein komme ich aus dem Dilemma nicht heraus.
Naja, werden die jüdischen Mitbrüder und -schwestern sagen, das Gesetz ist erfüllbar. Die Thora ist gut. Nur die Anhänger der radikalen Lösungen wie Paulus machen sich das Leben schwer. Das ist ein Problem der Radikalen wie auch Luther einer war.
Paulus wie Luther erleben den Bruch und die Erkenntnis, als sie zwischen 35 und 40 sind. Männer in der Mitte ihres Lebens. Sie kommen zu sich selbst.
Wie ist das bei uns? Als Jugendliche lassen wir kein Urteil über uns zu, suchen, quälen uns, kämpfen, um uns zu finden.
Sind die Radikallösungen die unsrigen? Nein. Die Resignation?
Brüche erzeugen Angst. Ich möchte ein anderer sein, es gelingt nicht. Wir suchen Wege.

Die gemeinste Art ist, seine Probleme auf andere zu wälzen. Manche begründen noch mit 40 ihr Verhalten mit dem Fehlverhalten ihres Vaters, ihrer Mutter.

Wieder andere suchen den sanften Weg. Die Therapie. Ich halte viel von einer gelenkten Therapie eines professionellen Menschen. Doch sie neigt dazu, alle anderen Wege zu missachten und sich für den einzigen Weg zu halten.
Ich halte viel von Meditation. Ich verstehe die Faszination. Nur, sie rechnet nicht mit Brüchen, sie verheißt einen gezielten, methodisch abgesicherten Weg, sich selbst zu erlösen.
Und widerstreitet mit der christlichen Grunderkenntnis. Du kannst dich nicht selber erlösen. Identität wird mit einen Gefühl von Harmonie verwechselt.

Die Wahrheit über mich selbst finde ich nicht in mir selber. Luther wird erst frei, als er aufhört, in sich selbst zu graben und sich dem Urteil Gottes überlässt. Da baust du dir in aller Ernsthaftigkeit deine eigenen Maßstäbe, deinen eigenen Lebensentwurf, um die Brüche zu vermeiden. Es geht nicht. Du verurteilst dich selbst. »Was ich hasse, das tue ich«. Du verrätst die Freiheit, die Christus geschenkt hat.
Oder irgendwann arrangierst du dich mit deinem Schicksal. Man kann ja nicht immer kämpfen. Und wirst ein Zyniker. Du weißt alles.

Oder ringst um deine Harmonie. Identität heißt nicht, ständig mit sich selber übereinstimmen. Sondern sich nicht in Brüchen zu verlieren. Der Teufel fordert Harmonie, Gott nicht.
Es gibt ein großes Beispiel in der Geschichte der Kirche, Beispiel eines Menschen, der seinen Bruch mit einer großen Geste der Verneinung eröffnet.
Franz von Assisi. Er bricht mit dem Vater, dem Besitzer der Tuchfabrik, mit seinem Plan, Erbe zu werden. Er zieht seine Kleider aus, wirft sie dem Vater vor die Füße, macht sich nackt und schutzlos. Er hält das durch.
Ich kann das nicht. Aber er lehrt mich: Man kann nicht wirklich leben, ohne in Distanz zu sich selbst zu gehen. Das bedeutet wohl, nicht ohne Trennungen, ohne Schmerz zu leben.

Paulus redet ja recht merkwürdig von seinem Bruch. »Ich elender Mensch, wer wird mich erlösen. Ich danke Gott.«
Im Nachhinein sieht das so einfach aus. 15 Jahre zieht er als Verfolger durchs Land, dann geht er in die Knie.

Ich danke Gott.
Ich werde nicht aufhören, um meine Identität zu kämpfen.
»Mein Ich werde ich nicht los«, sagt Karl Barth.
Aber alles hängt daran, dass ich das Urteil nicht über mich selber spreche, sondern sprechen lasse.
In das Urteil Gottes hineinkrieche.

Ich danke Gott. Am Ende steht die Liebe.

Ich schäme mich nicht
Predigt über Röm 1,16f. mit Konfirmandentaufe

Heinz Behrends

Der Predigttext ist komplex, klingt kompliziert und ist beim ersten Hören schwer zu verstehen. Aber er hat eine große Wirkung gehabt. Martin Luther hat sich stark mit ihm auseinandergesetzt und später gesagt, hier habe er seinen befreienden Gedanken der Reformation entdeckt wie das Tor zu einem Paradies.

Lesung Röm 1,16f.

Ich schäme mich nicht. Manchmal muss ich für etwas stehen. Als Pastor geht mir das oft so. Erst neulich wieder. Ich will ein bisschen entspannende Abwechslung, nicht ständig reden müssen, gehe in unseren »Klosterkrug«, setze mich auf einen der beiden Schemel an der Theke und bestelle meine geliebte Currywurst und ein Glas Bier. Schon setzt sich ein alter Mann zu mir. Ich kenne ihn vom Sehen, er bringt sich mit mir ins Gespräch, erzählt von seinem Leben, seiner Freude an seiner Gesundheit, am Gläschen Bier. Dann fragt er mich plötzlich: »Und was machen Sie hier?« – »Ich bin der Pastor«. »Teufel auch«, fährt es aus ihm heraus. Er hat sich erschrocken, dann lacht er, entschuldigt sich und erzählt jetzt erst recht weiter aus seinem Leben.
Oft muss ich auf Besuchen, auf Partys, in Kneipen nach 23.00 Uhr besonders geradestehen für die Kirche: Kreuzzüge, Hexenverbrennungen, Pillen-Enzyklika, Papamobil, Kirchensteuern, muslimische Selbstmordattentate im Namen Gottes. Manchmal ist das ätzend, meistens ein Vergnügen. Ich schäme mich des Evangeliums nicht, weil ich überzeugt bin.
Das ist aber nicht nur eine Erfahrung des Pastors. Das kennt ihr Konfirmanden auch. »Ich mag Justin Bieber« – »Ach, dieser Schmalzbubi, ich stehe auf Adele« – »Nein, ich höre Elton John, den hört mein Vater auch sehr gern«.
Oder Fußball: »Ich bin Bayern München-Fan, ich habe das neue Trikot

von Lewandowski« – »Ich halte zu Hannover 96« – »Ach, du Loser!« Auch die Erwachsenen kennen das. Von Öko bis Kirche, von CDU bis SPD, von Mallorca bis Langeoog.

All die genannten Bekenntnisse sind immer auch ein Spiel. Es kostet nicht viel. Keiner riskiert mehr als ein bisschen Schmunzeln, vielleicht Unverständnis.
Beim Apostel geht es um mehr. »Ich schäme mich des Evangeliums von Jesus Christus nicht«.
Schämen? Man schämt sich, wenn die intimsten Bereiche berührt werden. Schämen tun wir uns, wenn wir etwas falsch gemacht haben und entdeckt wurden. Wenn wir unseren eigenen Maßstäben nicht gerecht werden.
Uns für die Kirche schämen? Ist das Thema zu intim oder nicht beliebt? Falsches Pferd, sich in Zeiten von Selbstbestimmung und Pluralismus drauf zu setzen?
Schämen für das Evangelium? Die fünf Konfirmanden, die sich aus eigenem Entschluss haben taufen lassen, schämen sich nicht. Was ist das, worauf sie sich einlassen?
Im Unterricht haben wir darüber gesprochen, welchen Gruppen ihr alle angehört: Familie, Fahrgemeinschaft im Bus, Klasse, Verein, Konfis. Und die jeweiligen Ziele haben wir benannt. Bei Kirche habt Ihr gesagt: Zusammenhalt und andere überzeugen.
Das wollen viele, andere auch, habe ich dagegengehalten: Gewerkschaft, Gesangverein, Sekten.
Ich denke heute einen Schritt weiter mit euch und Ihnen. Worum geht es im Evangelium von Christus? Um Barmherzigkeit, Gerechtigkeit, Freiheit und Vergebung.

Barmherzigkeit- den anderen in seiner Situation sehen. Im Hebräischen wie Arabischen ist das Wort für Eingeweide und Barmherzigkeit dasselbe Wort. Die Not eines anderen sehen und im Bauch spüren, dass ich helfen muss. Das ist Barmherzigkeit. Wir kennen das von der Geschichte Jesu vom barmherzigen Samariter.
Ist die Barmherzigkeit Ziel aller gesellschaftlichen Gruppen? Nein.

Die Vergebung – jemanden nicht festnageln auf das, was mal war. Da hat jemand etwas verarbeitet und durchgeknetet, müht sich um einen

Neuanfang in aller Scheu und Scham und strengt sich an für einen Neuanfang. Aber die Vergangenheit wird ihm nachgetragen. Das geht nicht, jemanden anzuketten an seine Rasse, seine Herkunft. Vergebung hat Dynamik und löst Erstarrung auf.

Freiheit – Ich bin ein freier Mensch, von Gott geschaffen. Kein Herr dieser Welt hat ein Recht an mir. Die besondere Entdeckung des Paulus ist das. Jede Ethik braucht eine Voraussetzung. Darum überzeugt mich nicht, wenn mir als Kirchenmann entgegen gehalten wird: Ich bin ein guter Mensch. Mit Kirche habe ich nichts am Hut. Als brauchte er für sein Gut-Sein keine Quelle.
Du brauchst, was du dir selber nicht geben kannst: Barmherzigkeit, Vergebung, Freiheit, zusammengefasst in einem Wort. Gerechtigkeit. So nennt der Apostel das.

Das ist das Gesicht, das Profil der Christen. Dafür schämt er sich nicht. Das kann unsere Gesellschaft gut gebrauchen. Diese Haltung. Wir brauchen in unserer betäubten Kultur, im zerstreuten und überforderten Alltag Menschen, die einstehen, die bekennen, die sich nicht schämen, die nicht um der Beliebtheit willen alles tun.
Unsere Kanzlerin ist in der Flüchtlingsfrage zurzeit so eine Person. Der Ausgang ist offen. Aber sie steht für ein einiges Europa und für das Menschenrecht auf Asyl.

Manchmal seid ihr Konfirmanden uns ein Vorbild. Wenn ihr penetrant auf unsere Schwächen hinweist, auf eine Welt, die unmenschlich ist, die wir Erwachsenen aber mit verantworten.
Leute, die für etwas stehen, kann unsere Gesellschaft gut gebrauchen. Es darf nicht sein, dass ein Formel-1-Fahrer mehr Anerkennung und Aufmerksamkeit bekommt als eine Altenpflegerin.

Nun fehlt in meinem Gang entlang dem Predigttext noch eines:
»Der Gerechte lebt aus dem Glauben«, sagt Paulus. Das Evangelium ist eine dynamis, eine Kraft, die Energie entfaltet.
Mein guter Wille und mein Gewissen reichen als Kraft nicht aus, um die Gerechtigkeit zu leben.
Die Voraussetzung ist, dass ich angesehen werde von Gott, dass er mir das Gute zutraut.

Für Martin Luther war diese Erkenntnis damals vor 1517 das Tor zum Paradies.
Nach langem Quälen und Denken, ob er gut genug sei für Gott, ob er gerecht genug sei, da entdeckte er in diesem Wort des Paulus den Schlüssel für das Tor.
Erst mal spricht Gott mich gut. Das ist etwa so, als wenn jemand zu dir sagt: Du kannst dich auf mich verlassen. Das ist dann mehr als ein Wort, das breitet sich in der Seele aus. Das tut gut.
Reicht das nicht aus, dass andere Menschen mich gut finden? Nein, denn Beziehungen sind immer gefährdet. Wir messen uns leicht an dem, was wir leisten, was andere für uns tun.
Aus der Verankerung in Gott barmherzig sein, vergebend, frei und gerecht.
Sich dafür nicht schämen, weil das den anderen dient.
Darum frage ich immer zurück, wenn ich in der Kneipe als Pastor angesprochen werde: »Und wo stehst du?«

Brauchen wir das Reformationsfest?
Predigt zu Mt 5,1–11

Eckhard Herrmann

Brauchen wir das Reformationsfest?

Brauchen wir die stets neue Erinnerung an jenen Disput zwischen Luther und der kirchlichen Obrigkeit des frühen sechzehnten Jahrhunderts, in dessen Folge die Christenheit in Deutschland in zwei für lange Zeit unversöhnlich nebeneinander stehende Parteien gespalten wurde?

Brauchen wir diesen Tag, der vom Jahre 1667 an auf Anordnung Kurfürst Georgs II. von Sachsen seinen festen Platz im liturgischen Kalender unserer Kirche fand und der heute immer noch – oder je nachdem, von welchem Standpunkt aus wir's sehen – in fünf deutschen Bundesländern als gesetzlicher Feiertag begangen wird?

Ich meine: ja. Wir brauchen diesen Tag.

Dies aber freilich nicht im Stile eines großen Jubelfestes, wie es – zweckentfremdet freilich – zur Demonstration ›wahren Deutschtums‹ noch bis ins frühe zwanzigste Jahrhundert hinein von unseren Vorfahren stürmisch gefeiert wurde.

Nein, wir brauchen diesen Tag, weil er uns Anlass geben kann zu einer ehrlichen und das heißt immer auch selbstkritischen Betrachtung unserer Kirche, ja, zu einer selbstkritischen Betrachtung unseres je eigenen Christseins, mit dem wir diese Kirche auf jeden Fall, positiv oder negativ, mitgestalten und mitprägen.

Selbstbesinnung ist also angesagt.
Und damit die Suche nach einer Antwort auf die stets aktuellen Fragen, welche Kirche wir überhaupt wollen und was wir für die Verwirklichung unserer Vorstellung von Kirche zu tun oder auch zu lassen bereit sind.

Welche Kirche wir wollen, das, liebe Mitchristinnen und Mitchristen, hängt immer von der Zeit ab und den Anforderungen, mit denen sich die Menschen, die in dieser Zeit leben, auseinanderzusetzen haben.

D.h. die Kirche muss fähig und vor allem auch gewillt sein, die bedrängenden Fragen und Probleme ihrer Zeit wahrzunehmen, ernst zu nehmen und Hilfestellungen für deren Lösung zu leisten.
Und das wiederum verlangt von uns, von jeder und jedem einzelnen – denn *wir* sind die Kirche – ein hohes Maß an Sensibilität, Flexibilität und Weltoffenheit.

Stures Beharren dagegen auf nicht mehr einsehbaren Traditionen bringt der Kirche nur allzu oft den – dann freilich auch berechtigten – Vorwurf der Weltfremdheit und des mangelnden Verständnisses für das, was um der Menschen willen nottut, ein, und schadet darüber hinaus ihrem Ansehen und ihrer Position im Gefüge unserer Gesellschaft.

»Wer will, dass die Kirche so bleibt, wie sie ist, der will nicht, dass sie bleibt«, hat vor kurzem der Teilnehmer einer öffentlichen Diskussion über die Frage, wie zeitgemäß die Kirche sein muss, treffend gefordert.
»Wer will, dass die Kirche so bleibt, wie sie ist, der will nicht, dass sie bleibt.«

Das war das Anliegen der Reformation.
Und das muss stets auch unser Anliegen sein, wenn uns etwas daran liegt, dass die Kirche als wesentlicher, mitgestaltender Faktor unserer Gesellschaft ernst genommen werden soll.

Wir können, ja wir dürfen uns nicht in einen goldenen Käfig zurückziehen und so tun, als lebten wir außerhalb der Welt in einem eigenen, unabhängigen, geschützten, heilen Bereich.

Wir leben *in* der Welt und nehmen – ob wir wollen oder nicht – aktiv teil an allem, was geschieht.

In dieser gesellschaftlichen Position können wir unsere Aufgabe als Christen – ganz egal ob evangelisch oder katholisch – immer nur als Protestanten wahrnehmen.

Als Protestanten im tiefsten Sinne des Wortes: als Menschen, die Einspruch erheben, die sich einmischen bei allem, was dem Leben schadet, indem sie Zeugnis ablegen für den, der uns den Weg gewiesen hat zu einem Leben in Frieden und Freiheit, Jesus Christus.

»Einen anderen Grund kann niemand legen, als den, der gelegt ist, welcher ist Jesus Christus« (1 Kor 3,11), schreibt Paulus in seinem ersten Brief an die Christen in Korinth.

Was Jesus gedacht, gesagt, getan hat, das ist die Basis, auf der wir stehen und auf der wir auch stehen bleiben müssen; aber was wir – auf diesem Grund stehend – aus unserem Leben machen, wie wir unser Leben gestalten als Christinnen und Christen, als Kirche: das können wir frei entscheiden, zugleich aber immer auch situationsabhängig, indem wir unsere Umgebung und Umwelt einbeziehen und berücksichtigen und die Freiheit auch des anderen wahren.

Zwischen diesen beiden Polen stehend, auf Gott angewiesen und an den Mitmenschen gewiesen, nehmen wir teil an der Verantwortung für die Gestaltung unserer Gesellschaft.

So ist denn der Reformationstag seit jeher ein durch und durch *politisches* Ereignis, weil uns heute mehr als an jedem anderen Gedenk- und Feiertag des Kirchenjahres unser politisches Mandat als Kirche ins Bewusstsein gerufen wird.

Deswegen, liebe Gemeinde, *brauchen* wir diesen Reformationstag.
Weil wir die *Kirche* brauchen.
Nicht die Kirche, die bleibt, wie sie ist; sondern die Kirche, die *bleibt*.

Seit jeher haben die Seligpreisungen – dieser Abschnitt aus der Bergpredigt Jesu – ihren festen Platz im Reformationsgottesdienst. Die Seligpreisungen konfrontieren uns mit der politischen Dimension unseres Glaubens.

Armut und Gewalt, Hunger und Durst, Barmherzigkeit und Wahrhaftigkeit, Frieden und Gerechtigkeit: das sind die Schlagworte, mit denen Jesus uns vor Augen führt, wie eng unser Glaube mit der Weltwirklichkeit verknüpft ist; das sind die Fakten, denen wir uns als Christinnen und Christen zu stellen haben; die Probleme, an deren Lösung wir uns als Kirche konstruktiv zu beteiligen haben – mit Worten und mit Taten.

Anwalt der Sprachlosen, der Machtlosen, der Hilflosen zu sein mit den Mitteln und Möglichkeiten der Zeit, in der wir leben, einzutreten für eine gerechte Verteilung der Güter – weltweit, aber auch in unserem Lande, in dem immer mehr Menschen in Abhängigkeit und Obdachlosigkeit getrieben werden –, sich einzusetzen für Frieden und Gewaltlosigkeit gegenüber Ausländern und Asylsuchenden, gegenüber Frauen und Kindern, Partei zu ergreifen für alle, die auf der so genannten Schattenseite des Lebens stehen, das ist unsere Aufgabe.

Das war seit jeher unsere Aufgabe.
Und das wird immer unsere Aufgabe bleiben.
Die Aufgabe jeder einzelnen Christin, jedes einzelnen Christen.
Die Aufgabe der Kirche.

Neben, ja *vor* diesen Forderungen steht bei Jesus immer eine Zusage, eine Ermutigung.
Steht das Versprechen, dass Gott uns nicht allein lässt.

Er ist das Licht, an dem wir uns in der Dunkelheit orientieren können und das uns den Weg weist.
Er ist die Quelle, aus der wir die Kraft für unser Reden und Handeln schöpfen können.
Er ist die feste Burg, die uns Geborgenheit und Sicherheit und Schutz bietet.

Auf ihn können wir uns verlassen, weil er uns nicht verlässt.
Im Vertrauen auf ihn können wir uns, nicht krampfhaft an Althergebrachtem festhaltend, sondern offen für Veränderungen, als Kirche, als Christen, als Protestanten im Alltag bewähren.

Mit Furcht und Zittern glaubensmutig sein
Predigt über Phil 2,12 f. am Reformationsfest

Markus Engelhardt

Liebe Schwestern und Brüder! »Meine Lieben« – mit dieser Anrede beginnt unser kurzer Predigttext. Das hat mich an einen etwas merkwürdigen Schatz im Bücherregal meines Vaters erinnert. Es ist ein Band mit Predigten meines Urgroßvaters. Er war Anfang des letzten Jahrhunderts Pfarrer im Nordbadischen. Er ließ seine in feiner Sütterlinschrift handgeschriebenen Predigten jahrgangsweise zu einem Buch binden. Über jeder dieser Predigten stehen die drei Großbuchstaben »I. H. G.«. Ich habe eine ganze Weile gerätselt, was das zu bedeuten hat, »I. H. G.« »Ich hab's geschrieben«?! Hm, heutzutage im Zeitalter von Predigten, die man leicht aus dem Internet abkupfern kann, mag das Sinn machen. Aber damals war es ohnehin klar, dass jeder Pfarrer seine Predigt selber schrieb. Nun, irgendwann fiel es mir wie Schuppen von den Augen. »I. H. G.« bedeutet: »Im Herrn Geliebte«. So redete mein Urgroßvater die Gemeinde an. Nicht: »Liebe Gemeinde«. Auch nicht: »Meine Lieben«. Schon gar nicht: »Liebe Freunde«. Sondern: »Im Herrn Geliebte«. Macht das einen Unterschied? Ich denke ja. Er führt uns sogar in das *Allerheiligste der Reformation.*

I.

Liebe lebt davon, dass man einander liebenswert und schön findet. In Gottes Augen sind wir Menschen, wie wir von uns her sind, nun aber alles andere als attraktiv und der Liebe wert. Die Bibel stellt uns im Römerbrief die Diagnose: »Wir sind allesamt Sünder und ermangeln des Ruhmes, den wir bei Gott haben sollen« (Röm 3,23). Auf so eine ernüchternde Erkenntnis reagieren wir gern mit einer Verdoppelung unserer Anstrengungen. Wenn wir nicht liebenswert sind, dann müssen wir uns eben liebenswert machen. Müssen, machen, Anstrengungen erhöhen, intensivieren, effektivieren: das Vokabular beherrschen wir. Ich weiß sehr gut, wovon ich da rede.

Die Reformation hat die Verkündigung der Kirche ganz neu ausgerichtet: Ihr braucht euch nicht wie im Hamsterrad abzumühen, bei Gott einen guten Eindruck zu hinterlassen. Denn »Gott erweist seine Liebe zu uns darin, dass Christus für uns gestorben ist, als wir noch Sünder waren« (Röm 5,8). Lange bevor wir auf den Gedanken kommen können, unsere Verdienste und Vorzüge geltend zu machen, sind wir bereits I. H. G., »im Herrn Geliebte«. Geliebt, nicht weil wir in der himmlischen Buchführung einen so tollen Kontostand aufwiesen, sondern um Jesu Christi willen. Darum ist auch die Kleinigkeit beachtenswert, dass der Predigttext im griechischen Urtext nicht mit der Anrede eröffnet wird: »Meine Lieben«, sondern: »Meine Geliebten«. Mir ist das nur recht. Ich mag es nicht, bei der Begrüßung als »Mein Lieber« adressiert zu werden. Das hat meist einen ironischen oder herablassenden Beigeschmack. Ganz anders bei der Anrede »Meine von Gott Geliebten«. Auch wenn wir sie, weil unsere Sprache sich beständig fortentwickelt, heute nicht mehr verwenden, ist sie doch eine Art Ultrakurzfassung der reformatorischen Kernbotschaft:
Niemand kann sich Gottes Liebe verdienen, niemand braucht sie sich verdienen, sie wird geschenkt. Oder wie es Luther in einem seiner schönsten, tiefsten Sätze gesagt hat: »Gott liebt die Sünder nicht, weil sie schön wären, sondern die Sünder werden schön, weil sie von Gott geliebt sind.« Das ist ja schon die Erfahrung, die hoffentlich ganz viele unter uns in ihrem Leben gemacht haben: wie ich mich gleichsam aus dem Innersten heraus schön gemacht fühle, wenn jemand, an dem mein Auge mit Liebe hängen geblieben ist, mich tatsächlich ›zurückliebt‹. Um wie viel mehr gilt diese urmenschliche Erfahrung dann, wenn es um Gottes Liebe zu uns geht!

II.
Die reformatorische Kernbotschaft in Ultrakurzfassung: das ist ein guter Beginn für einen Predigttext am Reformationstag. Aber die Fortsetzung bringt uns ins Stolpern. Es handelt sich genau genommen um zwei Stolpersteine. Der erste hat es mit der Frage des Zusammenwirkens zwischen unseren Möglichkeiten und der Kraft Gottes zu tun. Seltsamerweise ist es ausgerechnet Paulus selbst, der diese Frage wachruft. An die Christen in Philippi adressiert er die Mahnung: »Schaffet, dass ihr selig werdet«. So übersetzt Luther. Die katholische Einheitsübersetzung macht daraus, gut katholisch: »Müht euch um euer Heil«.

Da braucht man sich nicht wundern, wenn reformatorisch gesonnene Christen die Welt nicht mehr verstehen. Wir haben in der Lesung vorhin jene Stelle aus dem Römerbrief gehört, in der Luthers reformatorische Grunderkenntnis in fast sprichwörtlicher Verdichtung dargeboten wird: »So halten wir nun dafür, dass der Mensch gerecht wird ohne des Gesetzes Werke, allein durch den Glauben« (Röm 3,28). Ja, was nun?? Sola gratia, sola fide, allein durch Gnade und den Glauben, wie es die Reformatoren gelehrt haben – oder eben doch schaffen, wirken und sich um das Heil abmühen? Die Schlange hätte im Garten Eden nicht so leichtes Spiel mit Adam und Eva gehabt, wäre da nicht deren kaum zu bremsender Schaffens- und Betätigungsdrang gewesen. Und auch in das Nachdenken über den heutigen Predigttext bahnt sich die Schlange an genau derselben Stelle einen Weg und stellt ihre versucherischen, so plausibel anmutenden Fragen: Sollte es wirklich zutreffen, dass der Mensch ausgerechnet, wenn es um sein Heil geht, nicht mehr ist als »Stein und Klotz«? Sollte er gerade in seiner Gottesbeziehung nicht gefordert sein als ein tätiges, schöpferisches Wesen, für das es jede Menge zu tun gibt?

Das war der eine Stolperstein. Der andere liegt direkt daneben. Paulus ergänzt nämlich seine Mahnung: »Schaffet, dass ihr selig werdet« um die Näherbestimmung: »mit Furcht und Zittern«. Das weckt keine positiven Bilder – wie mag das einer hören, der an Parkinson leidet? Überhaupt, wer wünscht sich Angst und Furcht?

Ja, es war so, dass Martin Luther mit Furcht und Zittern zum Reichstag nach Worms gereist ist. Wie er dann dort vom Platz gegangen ist, ist bekannt: mit der Roten Karte, als Gedemütigter, für vogelfrei Erklärter – aber in Wahrheit als moralischer Sieger, dem in vielen deutschen Landen die Herzen der Menschen zuflogen.

Ja, es war so, dass viele der im Herbst vor 25 Jahren in der DDR engagierten Christen Furcht und Zittern empfanden, als sie vor den Kirchen die LKW von Polizei und Kampfgruppen aufgereiht sahen. Was daraus wurde, ist bekannt. »Wir hatten alles geplant, wir waren auf alles vorbereitet – nur nicht auf Kerzen und Gebete«, bekannte später der SED-Häuptling Horst Sindermann. Ja, es ist so, dass wir auch heute, am Reformationstag 2014 Furcht und Zittern empfinden angesichts der Weltlage. In Osteuropa die Wiederkehr russischer Großmachtsträume keine 25 Jahre nach dem Ende der Sowjetunion, und Herr Putin lacht nur über Europa und das Völkerrecht. Und noch schlimmer, was im Namen Gottes im Mittleren Osten oder in Afrika geschieht, und unsere Ohnmacht dabei. Ich empfinde da wirklich eine Art Furcht und Zittern, jedenfalls eine große Ratlosigkeit, was hier aus christlicher Sicht zu sagen und zu tun wäre. Hat Margot Käßmann Recht, die auch angesichts des Massenmordens durch den »Islamischen Staat« in bemerkenswerter Konsequenz beim Pazifismus als einzig denkbarer christlicher Option bleibt? Oder hat Wolfgang Huber – er stand heute vor einem Jahr auf dieser Kanzel – Recht, wenn er darauf hinweist, dass das Gebot »Du sollst nicht töten« auch das Gebot einschließt, nicht töten zu lassen – und darum militärische Mittel gegen den IS-Terror in einem klar definierten Rahmen für legitim hält? Ich tendiere inzwischen eher zu Bischof Hubers Urteil, aber wirklich sicher bin ich nicht. Halb bewundere ich sie, halb sind sie mir unheimlich, die da so ganz genau wissen, was richtig und was falsch ist. »Schaffet, dass ihr selig werdet mit Furcht und Zittern« – das ist mir da näher.

Aber wie ist das nun im Blick auf unsere Beziehung zu Gott zu verstehen? Im Grunde müsste man dazu erst einmal eine Schutthalde an Missverständnissen abtragen, die sich um das Begriffspaar »Furcht« und »Gott« aufgetürmt hat. »Furcht Gottes«, dieser Ausdruck ist längst miserabel beleumundet. Auch die frömmsten Eltern würden ihrem Neugeborenen heute niemals mehr den Namen Fürchtegott geben, wie das vor 100 Jahren in gut protestantischen Häusern noch verbreitet war. Die meisten hören heraus: Furcht vor Gott, und stellen sich dabei einen Big Brother-Gott vor, und zwar den im Geist George Orwells, nicht den banalen »Big Brother« von RTL 2. Also einen einschüchternden, auf Schritt und Tritt kontrollierenden, rigoros bestrafenden Gott, der nur Angst macht. Der in unserer Stadt lebende bekannte Psychoanalytiker Tilmann Moser hat diesem Big-Brother-Gott und was er in der Erziehung anrichten kann, in seinem vor 40 Jahren viel gelesenen Buch »Die Gottesvergiftung« ein erschütterndes Denkmal gesetzt.

III.

Liebe Gemeinde, ich habe die beiden besonders herben Stellen unseres Predigttextes mit Bedacht Stolpersteine genannt. Denn Stolpersteine haben ja auch ihr Gutes. Sie zwingen zur Aufmerksamkeit. Es gibt immer mehr Städte, die Stolpersteine zu einem Projekt der Erinnerungskultur gemacht haben, um damit verdrängte Vorgänge der jüngeren Stadtgeschichte dem Vergessen zu entreißen. Solche Stolpersteine gibt es auch in Texten und nicht zuletzt in der Bibel. Und das ist gut so. Was zuerst störend wirkt, kann bei näherem Hinsehen hilfreich sein, um auf vernachlässigte Elemente der biblischen Texte aufmerksam zu machen.

Was aber könnte im Blick auf unseren Textabschnitt so ein vernachlässigtes Element sein? Ich nenne etwas Selbstkritisches. Auf unserer evangelischen Seite gibt es eine große Scheu, dem Menschen für seine Seligkeit auch nur die kleinste aktive Rolle zuzuschreiben – aus der Sorge, man schaffe ein Einfallstor für das, was der Katholizismus die Werkgerechtigkeit nennt. Also die Rechtfertigung nicht allein aus Gottes Gnade, sondern auch aus dem, was wir tun und leisten. Die Folge ist, dass wir Evangelischen, die Kirche des Wortes und des sola scriptura, dazu tendieren, die Bibel selektiv zu lesen: Nur ja nicht zu sehr betonen, dass der Glaube Früchte trägt und Jesus in der Bergpredigt sagt: »An ihren Früchten sollt ihr sie erkennen«. Bloß nicht den Bibeltexten zu nahe kommen, in denen davon die Rede ist, dass die Taten der Liebe ihren Lohn im Himmel haben werden. Bloß kein Gedanke an eine evangelische »Sonntagspflicht«, daran, dass nicht nur Katholiken am Sonntag am Gottesdienst teilnehmen und die Gemeinde stark machen sollten. Im Gegenteil: lieber den geistlichen Hochmut so weit treiben, dass man sich noch etwas darauf einbildet, die Freiheit gegen die »Sonntagspflicht« auszuspielen. Das schlägt sich dann in der schrägen Wahrnehmung nieder: Die armen Katholiken, die müssen am Sonntag in die Messe – wir aber genießen die Freiheit der Kinder Gottes und erfahren Gott auf dem Schauinsland. Diese ›Freiheit‹ definiert sich dann fröhlich nach dem Lehrsatz: »Kirchliche Sitte im Protestantismus ist es, nicht zur Kirche zu gehen« (Trutz Rendtorff).

IV.

Liebe Gemeinde, ich will nicht, dass die Werkgerechtigkeit fröhliche Urständ feiert. Das kann religiös sensible Menschen seelisch kaputt machen, wie Luther als Mönch erfahren hat und es in manchen katholischen Milieus heute noch so ist. Der entscheidende Prüfstein ist, wie wir es mit dem Rühmen halten. Das kann man bei Paulus in all seinen Briefen immer wieder lesen. Unser Predigttext selber ist es, der uns das

Rühmen austreibt. Er macht Gottes Tun, nicht das unsere groß: »Gott ist's, der in euch wirkt beides, das Wollen und das Vollbringen, nach seinem Wohlgefallen.« Überall, wo in der Bibel das Thema des falschen und des richtigen Rühmens auftaucht, geht es um das Zusammenspiel von Gott und Mensch. Der Leitton heißt: An Gottes Segen ist alles gelegen; wer sich rühmt, der rühme sich Gottes. Aber dabei verschwindet der Mensch nicht in der Belanglosigkeit. Er wird gewürdigt, Gottes Mitarbeiter zu sein.

Dem Gedanken der Gottesfurcht schließlich können wir am ehesten dann wieder etwas abgewinnen, wenn wir meditieren, was Ehrfurcht eigentlich ist. Es geht in der Ehrfurcht vor Gott um etwas sehr Elementares, das eigentlich jedes Kind schon erfassen kann: dass der Mensch eben nicht, wie es die antiken Philosophen lehrten, das Maß aller Dinge ist, dass ich meinen Lebensentwurf nicht aus eigenen Kräften garantieren und verantworten und ihn schon gar nicht eigenmächtig zum Abschluss bringen kann. Sondern dass ich immer nur der Zweite bin, weil Gott über mir ist und mich und mein Tun heilsam begrenzt. Nicht dass der Mensch in einzigartiger Weise über den anderen Geschöpfen steht, macht sein Menschsein aus, sondern dass er in einzigartiger Weise unter Gott steht, hat der berühmte Freiburger Theologe Karl Rahner gesagt. Ehrfurcht vor Gott heißt so gesehen, dass wir um Gott wissen und mit ihm rechnen und dass wir uns nicht vom verbreiteten Bazillus der Gottvergessenheit anstecken lassen. Ehrfurcht vor Gott hilft dazu, Gott nicht zu verharmlosen, ihn nicht auf banales menschliches Maß zurückzustutzen. Ich bin überzeugt, es gibt keine wirklich religiösen Erfahrungen, wenn da nicht auch das Bewusstsein eines unendlichen Abstands zwischen Gott und mir mitschwingt, also ein Stück Erschrecken vor der Größe und Heiligkeit Gottes. Und wohl auch nicht ohne wenigstens von ferne ein Stück Unruhe zu empfinden angesichts der Frage: Wie kann ich im Urteil Gottes bestehen, wenn ich angesichts einer aktuellen Herausforderung meiner Zivilcourage mich ängstlich wegducke?

Mir hilft dabei, wie Luther im Katechismus bei der Erklärung der Zehn Gebote von der Gottesfurcht redet, nämlich in ganz enger Verbindung mit den Worten Liebe und Vertrauen. Es ist wie eine Überschrift über alle zehn Gebote, dass Luther das erste Gebot so erklärt: »Wir sollen

Gott über alle Dinge fürchten, lieben und vertrauen.« So kann der Gedanke der Gottesfurcht unser Verständnis Gottes von der Harmlosigkeit befreien und unserer Gottesbeziehung mehr Tiefe und Substanz geben. Es gibt ja auch ein Zittern vor lauter Freude. Deshalb nicht trotz, sondern wegen der Gottesfurcht: »Nun freut euch, lieben Christen g'mein und lasst uns fröhlich singen«.

Kirche des Evangeliums
Predigt über die Seligpreisungen am Reformationstag

Hanno Gerke

I.

Die Welt ist nun mal, wie sie ist. Das brauche ich Ihnen nicht zu erklären. Sie kennen die Welt mindestens so gut wie ich.
Wer Realist ist, der redet sich die Welt nicht schön. Und wir sind doch alle Realisten. Wer lässt einen Fremden in die Wohnung? Man kann heute niemandem mehr vertrauen!
Wer verzichtet freiwillig auf seinen Vorteil? Wenn ich ihn nicht nutze, dann doch die anderen.
Die Welt ist nun mal wie sie ist – daran ist nicht zu rütteln.

Aber eins muss doch erlaubt sein: Wenigstens in der Phantasie können wir sie uns doch mal anders vorstellen. Tun wir in Gedanken doch mal so, als wäre die Welt nicht, wie sie ist, sondern wie sie sein könnte.

Stellen Sie sich vor: Die Menschen richten ihr Leben nicht nach Haben und Besitz aus. Sie leben ganz bescheiden, sind mit Wenigem zufrieden – ein Dach über'm Kopf, das tägliche Brot. Was braucht man mehr?
Sie schämen sich nicht, über ihre Gefühle offen zu sprechen. Sie täuschen nicht den anderen vor, dass sie immer gut drauf sind.
Sie poltern nicht los und machen andere nicht mundtot. Sie sind offen, freundlich und warmherzig.
Sie lassen nicht zu, dass einem Mitmenschen Unrecht getan wird. Sie setzen sich für alle ein, die bedürftig sind und Not leiden. Sie wollen gerechte Verhältnisse – aber sie verabscheuen Gewalt.
Sie geben gerne und sind nicht nachtragend. Sie sind aufrichtig, lügen nicht, machen einem nichts vor, verstellen sich nicht vor anderen.
Wo Streit ist, da vermitteln sie und schlichten.

II.

Die Kirche ist nun mal, wie sie ist. Uralt – Jahrhunderte schon! Das braucht ihm keiner zu erklären.
Er lebt in ihr. Er ist Priester, Mönch in dieser Kirche. Es gibt nur diese. Eine andere kann man sich gar nicht vorstellen.
Es ist eine Kirche der Ämter, der Strukturen. Eine Kirche, in der auch viel Geld verdient wird.
Eine Kirche der Macht.
Aber er hadert mit dieser Kirche!

Er denkt: Es muss doch erlaubt sein: Dass man die Kirche daran erinnert, wofür sie eigentlich da ist.
Für das Evangelium, für ein Leben mit Gott.
Eine Kirche, in der Umkehr und Buße nicht für Geld verkauft werden.
Eine Kirche, in der allein die Bibel gilt, allein Christus. Eine Kirche, die die Gnade Gottes verkündet und nicht das Gericht.

III.

Na, wie wäre eine solche Welt? Wie wäre eine solche Kirche?
Gibt es eine solche Traumwelt irgendwo? Gibt es eine solche Kirche der Freiheit und Wahrheit?
Ist unsere Kirche sogar der Ort, wo eine solche Welt ihren Anfang nimmt?

Schade, dass das alles nur in Gedanken existiert. Oder gibt es sie vielleicht doch?

Einer hat schon vor uns von einer solchen Welt geträumt. Und er hat den Menschen von seinen Träumen erzählt. Und immer wieder hat er gemahnt: Schreibt diese Welt nicht zu früh ab. Sie ist näher, als ihr glaubt. Es gibt schon heute Menschen, die auf dem Weg zu ihr sind und ihr könnt dazu gehören.
Er hat gesagt:

Lesung Mt 5,3–10

Es sind Worte Jesu! Seine Worte sind das Evangelium des heutigen Tages, des Reformationstages.
Das ist kein Zufall. Die Welt, die Jesus uns vor Augen malt, und die Kirche haben etwas miteinander zu tun.

IV.

Das jedenfalls ist es, wofür der andere, von dem ich eben erzählte, der Mönch Martin Luther, vor fast 500 Jahren sein Leben riskiert hat.

Gott schenkt dir alles: dein Leben, deinen Glauben, deine Gerechtigkeit. Du musst gar nichts tun für seine Liebe. Alles kommt aus seiner Hand. Und dafür hat Jesus sein Leben gegeben. Der große Gott ist ganz klein geworden, so wie du, um dich mit seiner Kraft zu beschenken.
Und dann ist alles möglich: Frieden, Bescheidenheit, Sanftmut, Barmherzigkeit, Gerechtigkeit.

V.

Heute – am Reformationstag – blicken wir darauf zurück, erinnern uns.

Ich sehe mit gemischten Gefühlen darauf.
Vor drei Jahren war ich in der Lutherstube auf der Wartburg. Dort, wo Luther unter einem Decknamen untergetaucht das Neue Testament übersetzt hat.
Dem Tod knapp entronnen. Noch voller Hoffnung, seine alte Kirche verändern, reformieren zu können.
Das war noch am Anfang der Reformation.
Hier, dachte ich, waren sich Luthers Hoffnung und das Evangelium ganz nah.
Die Bibel ins Deutsche übersetzen, damit sie alle lesen und das Evangelium empfangen können!

Aber es kam zur Spaltung der Kirche. Es wurden Kriege geführt.
Und die evangelische Kirche wuchs. Manchmal wuchs sie sicher über sich hinaus, wurde zum Ort des Glaubens und der Nächstenliebe.
Manchmal aber verkümmerte in ihr, was doch eigentlich ihr einziger Sinn und Zweck war.

Mit ihrem Segen zogen Soldaten in den Krieg. Und sie schwieg weitgehend zum Ungeist der Nazis und ihrer Verbrechen.

VI.

Luthers Hoffnung und die Seligpreisungen Jesu.
Ist unsere Kirche der Ort, wo das zusammenfindet?
»Die Kirche muss immer reformiert werden«, hat Luther gesagt. Das klingt ernüchternd. So, als ob das nie Wirklichkeit werden könnte. Als ob wir nie fertig würden damit.

Aber eigentlich ist es eine große Ermutigung!
»Macht es immer wieder neu und von vorn! Gebt die Hoffnung auf eine Kirche des Evangeliums nicht auf!
Hört immer wieder, wen Jesus selig und glücklich preist!
Und werdet zur Herberge, in der das den Anfang nehmen kann.
Gott gibt euch alles: Das ist das Evangelium!«

VII.

Die Welt ist nun mal, wie sie ist. Der Ort, in dem Jesus Menschen ins Licht des Evangeliums stellt und die dann selbst zum Licht für andere werden.
Die Kirche ist nun mal, wie sie ist. Gottes Haus in dieser Welt – genau in dieser.

Welche Kirche eigentlich? Immer die, die ernsthaft danach fragt!

Heraus die Maus
Reformationspredigt zu Gal 5,1–6

Kurt Rainer Klein

»Zur Freiheit hat uns Christus befreit!« sagt Paulus. Im Blick auf die Reformation und Martin Luther denken wir an die Schrift des Reformators »Von der Freiheit eines Christenmenschen«, in der er sagt: »Ein Christenmensch ist ein freier Herr über alle Dinge und niemandem untertan. Ein Christenmensch ist ein dienstbarer Knecht aller Dinge und jedermann untertan.« Vielleicht klingt dies bei den Aussagen ein wenig widersprüchlich. Aber Freiheit bedeutet immer zweierlei: zum einen frei sein *von* etwas und zum anderen frei sein *für* etwas.

Zwei Jugendliche im Alter, wo man gerne grübelt und auf viele Fragen wenige Antworten erhält, kamen auf die Freiheit des Menschen zu sprechen. »Ich finde es zum Heulen«, sagte der eine, »dass man scheinbar tun kann, was man will, und am Ende erwischt einen doch die Notwendigkeit.« »Ja«, bestätigte der andere, »es ist zum Verzweifeln. Mir fällt dabei immer die Situation einer Maus ein, die sich einmal in unserem Keller verirrt hatte. Jemand ließ die Katze in den Keller, und nun begann es: Die Katze sprang zu und verfehlte die Maus – aber nur zum Spiel. Sie wusste ja, die Beute war ihr sicher. Die Maus flitzte von Ecke zu Ecke im aufgeregten Versuch, sich zu retten, aber das schien ausweglos zu sein.« »Und dann? Was geschah? Sie wurde wohl gefressen?« »Nein, mein Vater öffnete die Tür und die Maus konnte entkommen.«

Eigentlich ist alles klar: Die Maus hat keine Chance gegen die Katze. Sie ist gefangen im Keller und gefangen in dem Naturgesetz, dass die Katze die stärkere ist. Aber dann öffnet sich – o Wunder – die Kellertür und sie entkommt völlig unerwartet und überraschend in die Freiheit, mit der sie nicht gerechnet hat. Frei von der Notwendigkeit gefressen zu werden, wird sie frei für ein neues Leben in ungeahnter Freiheit.

Jesus hat seinen Zuhörern seine Botschaft vom Reich Gottes gerne in Gleichnissen erzählt. Diese Gleichnisse stießen zum Nachdenken an. Es waren keine fertigen Antworten, die er gab in dem Sinne: So ist es und nicht anders! Nein, durch das Erzählen eines Gleichnisses gab Jesus seinen Zuhörern die Freiheit, über das Gesagte nachzudenken und zu eigenen Schlüssen zu gelangen.

Eines dieser Gleichnisse kennen wir mit der Überschrift »Vom verlorenen Sohn«. Die Überschrift ist nicht ganz korrekt, weil es in diesem Gleichnis ja bekanntermaßen um zwei Söhne geht. Um den, der in die Fremde zieht, und den Sohn, der zuhause bleibt.

In den letzten Jahren habe ich immer wieder einmal mit meinen Konfirmanden über dieses Gleichnis geredet und darüber gesprochen. Im Vergleich der beiden Söhne haben die Konfirmanden eine gewisse Ungerechtigkeit empfunden. Der eine lässt sich sein Erbe auszahlen, zieht in die Fremde, verprasst alles, kommt wieder nach Hause und wird begrüßt wie ein König. Der andere bleibt zuhause, arbeitet brav von morgens bis abends, gönnt sich nichts, stellt keine besonderen Ansprüche, ist zuverlässig und gewissenhaft. Die Sympathien der Konfirmanden waren auf der Seite des Zuhausegebliebenen. Ihn haben sie als den Benachteiligten der beiden Söhne ausgemacht.

Nun, ich weiß nicht, wie es Ihnen geht? Wo Ihre Sympathien liegen? Wem Sie mehr zuneigen von den beiden? Menschlich betrachtet kann ich die Einstellung meiner Konfirmanden nachvollziehen und ihr Gerechtigkeitsempfinden verstehen. Doch ist das Gleichnis dieser beiden Söhne nicht ganz ähnlich wie die eingangs erzählte Geschichte mit der Maus?!

Im Grunde ist für uns klar: Der Sohn, der sein Erbteil verprasst hat, hat zuhause keine Anrechte mehr. Eigentlich müsste er zuhause arbeiten wie ein Tagelöhner, um sich seinen Lebensunterhalt zu verdienen. Das empfänden wir im Blick auf den zuhause gebliebenen Bruder als gerecht.

Aber Jesus überrascht uns. Wie der Vater in der Geschichte mit der Maus ganz unerwartet eine Tür öffnet, so auch der Vater in diesem

Gleichnis. Die Zuhörer damals sind sicher genauso perplex gewesen wie wir, als sie gehört haben, wie der Vater den Rückkehrer empfängt: Mit offenen Armen läuft er ihm entgegen, er umarmt und küsst ihn, er lässt das beste Gewand, Ring und Schuhe holen, schlachtet ein gemästetes Kalb und veranstaltet ein Fest.

So ist Gott, will Jesus sagen. Wie der Vater, der einfach die Tür öffnet und die Maus frei lässt. Wie der Vater in dem Gleichnis, dessen Liebe größer ist als unser Gerechtigkeitsempfinden, das einsperrt und uns gefangen hält. Diese Liebe überrascht uns immer wieder. Sie überrascht uns deswegen, weil sie Möglichkeiten sieht und eröffnet, die in eine ungeahnte Freiheit führen. Der Vater in der Geschichte ist frei, die Tür zu öffnen, und die Maus ist frei, zu leben. Der Vater im Gleichnis ist frei, da Liebe zu schenken, wo andere Verachtung oder gar Strafe erwarten, und der heimgekehrte Sohn ist frei, zu leben.

Jesus führt uns Gottes unbegrenzte Möglichkeiten vor Augen. Das ist die Perspektive Gottes: Das Leben geht weiter – für die Maus, für den Heimgekehrten –, wo wir denken, es sei zu Ende.

Und was heißt das für uns selbst? Jesus traut uns zu, in solcher Freiheit zu denken und zu handeln, die eingetretenen Pfade zu verlassen, die Grenzen zu überschreiten, neue Möglichkeiten zu ersinnen.
Warum nicht freundlich sein, wenn man allen Grund hätte, beleidigt zu sein?
Warum nicht sanfte Worte finden, wo ein Donnerwetter angebracht wäre?
Warum nicht über den eigenen Schatten springen und neue Wege einschlagen?
Wir haben alle Freiheit dazu!

Spatzen und Glatzen
Predigt über Mt 10,26–33 zum Reformationsfest

Klaus Kohl

Auf die Dächer muss es, liebe Gemeinde. Ans Licht der Öffentlichkeit muss, was es zu sagen gilt am Reformationsfest. In die Zeitungen, in die Parlamente, in die Büros, in die Betriebe. In die Krankenhäuser und auf die Friedhöfe. Die Erkenntnisse der Reformatoren sind kein konfessionelles Geheimwissen. Die Bekenntnisse der evangelischen Kirche grenzen nicht ab, sondern schließen auf. Reformationsgottesdienste sind keine protestantischen Kaderschmieden. Protestantisches Bewusstsein produziert keine Antihaltung, entwickelt sich nicht gegen andere Konfessionen und Religionen. *Pro*-testanten sind Zeugen *für*. Zeugen für Jesus Christus. Darum heißt es in unserem Bibelabschnitt: »Wer nun mich bekennt vor den Menschen, den will ich auch bekennen vor meinem himmlischen Vater.« Bekennen – wie macht man das?

Unser Predigttext ist eine Zusammenstellung verschiedener Sprüche unterschiedlicher Herkunft. Alles Bekenntnissprüche. Da liegt ein Problem. Bei der Lektüre dieser Sprüche komme ich mir vor wie gelegentlich in einer Presbyteriumssitzung, in der Sitzung eines Leitungsorgans der evangelischen Kirche. Die verschiedensten Voten kommen da zu Wort. Jede und jeder hat etwas Wichtiges zu sagen. Es wird viel geredet, streckenweise weit aneinander vorbei. Dass geredet wird, scheint wichtiger, als dass gehört wird. Viele kommen zu Wort. Wenig kommt zu Gehör. Wo doch der Glaube aus dem Hören kommt. Nach Martin Luther.
Ich frage: Sind unsere Sätze Sätze eines aufschließenden Bekenntnisses? Einladende Sätze, die Lust machen auf die Nachfolge Jesu? Oder Reizwörter, die abblocken, die nur Recht haben, die nur die Diskussion beenden wollen? Lassen Sie uns hineinschauen in unseren Predigttext. Mal gucken, was hinaufmuss auf die Dächer. Was gesagt werden muss.

Statt auf einen wuchtigen Bekenntnissatz von reformatorischer Qualität weise ich Sie auf eine geradezu triviale Bemerkung hin: auf einen

Satz, der für alle schlüssig ist. »Nun aber sind auch eure Haare auf dem Haupt alle gezählt.« Nicht wahr, das stimmt. Schauen Sie mich an. Bei mir geht das Zählen schnell. Und dennoch, ich lebe! Die Kosmetikindustrie kann sich dumm und dämlich verdienen. Glatze bleibt Glatze. Leben trotz Glatze? Nein, man ist inzwischen dahinter gekommen. Glatze ist ›in‹. Also: Leben mit Glatze! Es kommt noch primitiver. Noch deutlicher an die Anfänge gehend: »Kauft man nicht zwei Sperlinge für *einen* Groschen?« Spatzen, die billigsten essbaren Vögel, der Braten des kleinen Mannes. »Dennoch fällt keiner von ihnen auf die Erde ohne euren Vater.« Ist das ein Trost für den Spatz im Fallen? Doch allenfalls nur, wenn sein Fallen selbst, um Braten zu sein für die kleinen Leute, guter Sinn ist. Guter Sinn seines und all der unzähligen Spatzenleben. Sein Leben und Fallen Sinn und Sinnbild für das Leben und Fallen Jesu. Sinn und Sinnbild für das Leben und Fallen seiner Jünger. Und so sind die Spatzen Trost für die Jünger, die sich fürchten, weil ihre Nachfolge offensichtlich nichts bringt, nichts anderes als die Nähe Jesu. Nichts anderes als Jesu Bekenntnis für sie vor seinem himmlischen Vater. Das aber auf jeden Fall. Auch im tiefsten Fall. Also, Spatzen und Glatzen, was soll's! Fürchtet euch nicht! Und dennoch, fürchtet euch!

Mit diesen Sätzen vom Fürchten und vom Nicht-Fürchten und vom Leib und von der Seele werden uns nun doch ein paar Gedanken zugemutet, die etwas komplizierter sind. Leib und Seele, das sind nicht zwei verschiedene Substanzen, aus denen der Mensch besteht. Nicht ein vergänglicher Leib und eine unvergängliche Seele, so wie es die Griechen meinten. Für die Bibel ist der Mensch durch und durch Leib und Seele. Er lebt ganz als Leib und Seele und stirbt ganz als Leib und Seele. Nur, Leib ist der Mensch in Bezug auf seine Hinfälligkeit, seine Begrenztheit, sein Werden und Vergehen, sein Wachsen und Welken. Und Seele ist er im Blick auf seine Beziehungen, seine Kontakte, seine Verhältnisse.

»Fürchtet euch nicht vor denen, die den Leib töten, doch die Seele nicht töten können.« Das trifft für manches zu. Dem Menschen in seiner Hinfälligkeit ein Ende machen und ihn dennoch nicht klein kriegen in Bezug auf seine Lebendigkeit, das schaffen viele Menschen und Mächte. Vor denen fürchtet euch nicht! Schauen wir Martin Luther an. Der hat sich wahrhaftig nicht gefürchtet. Nicht vor seinem Ordensoberen, nicht vor dem Papst, nicht vor dem Kaiser. Nicht einmal vor seiner Käthe hat er sich gefürchtet. »Fürchtet euch vielmehr vor dem, der Leib und Seele verderben kann in der Hölle.« Vor dem, der uns in unserer Hinfälligkeit und Begrenztheit, der unserem Werden und Vergehen, unserem Wachsen und Welken ein Ende machen kann und zugleich all unsere Kontakte abschneidet und uns hineinstürzt in die tiefste Beziehungslosigkeit, in die einsamste Verhältnislosigkeit. Der uns verkommen lässt im absoluten Tod.

Wer ist das? Wer kann das? Hier streiten sich die Ausleger. Klar, hier ist vom Teufel die Rede. Andere sagen, von Gott. Ich denke, beides stimmt. Aber es stimmt nur, indem um Gottes willen vom Teufel die Rede ist. Denn von Gott kann man gar nicht anders reden als von dem, der im Tode Jesu Christi den Tod getötet und den Teufel verteufelt und alle Mächte entmachtet und alle Macht an sich genommen hat, so dass wir nur noch von einer guten Macht gehalten sind. Und vom Teufel kann man gar nicht anders reden als von jenem teuflisch blamierten und tödlich beleidigten Wesen, das uns immer wieder auffordert und ermuntert, uns an den Haaren selbst aus dem Sumpf zu ziehen. Was das bringt, und das noch bei einer Glatze, das wissen selbst die Primitivsten. Darum: Fürchtet euch vor Gott, der in der Hölle aufgeräumt und den Teufel, so quicklebendig er sich gibt, mit all seiner scheinbaren Macht gebunden hat an die Ohnmacht seiner Liebe. Der im Tode Jesu Christi eine unauflösliche Beziehung gestiftet hat zu seiner ganzen vom Tode bedrohten Kreatur. Der in der Verhältnislosigkeit des Todes neue Verhältnisse geschaffen hat. Verhältnisse der Liebe. Darum fürchtet Gott!

Wer vor Gott sich fürchtet, der und die geht nicht in die Knie. Wer sich vor Gott fürchtet, übt den aufrechten Gang. Kann den Kopf heben und nach vorn schauen. Kann den Schwefelgeruch der Hölle ausatmen und tief durchatmen und die Luft des neuen Morgens einatmen. Wir sollen Gott fürchten und lieben. Mit diesen Worten beginnt Martin Luther im Kleinen Katechismus seine Erklärungen zu jedem der Gebote Gottes. Gott fürchten und lieben. Damit eröffnet der Reformator die Hilfestellungen, die der Christenheit gemeinsam mit Israel gegeben sind zu einer guten Gestaltung des Lebens. Gott fürchten und lieben. Das sind die Signaltöne zum Aufbruch in die evangelische Freiheit. In die Freiheit eines Christenmenschen, die es in allen Lebensbereichen, so wie die Gebote es beschreiben, wahrzunehmen gilt.

Diese Signaltöne müssen auf die Dächer. Müssen in die Öffentlichkeit. In die Zeitungen, in die Parlamente, in die Büros, in die Betriebe. In die Krankenhäuser und auf die Friedhöfe. Aber wie? Der erste Satz unseres Predigttextes zeigt an, dass das nicht in erster Linie unsere Sache ist. Das geschieht. Auch ohne unser Zutun. Auch hier ist mit unserer Macht nichts getan. Auch nicht mit der Macht kirchlicher Öffentlichkeitsarbeit. Auch nicht mit der Überzeugungskraft christlichen Bekennermutes. Gleichwohl, Jesus sagt: »Wer nun mich bekennt vor den Menschen, den will ich auch bekennen vor meinem himmlischen Vater.« Jesus bekennen. Ja, im Kleinen beginnt das. Nicht erst bei Petrus und der Magd. Und hört im Großen nicht auf. Kennen Sie den Autoaufkleber »Jesus liebt dich«? Geschmackssache ist das. Zum Bekenntnis kann es werden, wenn ich mal aus Unachtsamkeit an ein Auto mit einem solchen Aufkleber einen Kratzer mache oder eine Beule. Oder wenn mir jemand auf mein Auto knallt, auch wenn ich diesen Aufkleber nicht durch die Gegend fahre.

O ja, liebe Gemeinde, die Reformation, über die viele kluge Köpfe sich kluge Gedanken gemacht haben und machen, die Reformation, über die die Christenheit 500 Jahre lang nicht zur Ruhe gekommen ist, die Reformation, sie will und wird die ganze Welt in Bewegung setzen. Deshalb beginnt sie mit einer sehr trivialen Erkenntnis. Die Reformation beginnt mit der Erkenntnis, dass wir guten Grund haben, Gott über alle Dinge zu fürchten, zu lieben, zu vertrauen. Weil Gott sich bekennt zu den Menschen. Das muss man erst mal hören. Und tun? Was gilt es dann zu tun?

Ich schließe mit einem Zitat von Dietrich Bonhoeffer: »Wenn man völlig darauf verzichtet hat, aus sich selbst etwas zu machen – sei es einen Heiligen oder einen bekehrten Sünder oder einen Kirchenmann, eine sogenannte priesterliche Gestalt, einen Gerechten oder einen Ungerechten, einen Kranken oder Gesunden ... –, dann wirft man sich Gott ganz in die Arme, dann nimmt man nicht mehr die eigenen Leiden, sondern die Leiden Gottes in der Welt ernst, dann wacht man mit Christus in Gethsemane, und ich denke, das ist Glaube«.

Gemeinschaft der Heiligen
Gottesdienst am 1. November

Christian Rave

Sollte Martin Luther tatsächlich seine Thesen am Abend des 31. Oktober angeschlagen haben, dann nicht, um einen neuen Feiertag zu erfinden. Vielmehr richteten sie sich an die vielen Kirchenbesucher am Hochfest Allerheiligen, das die Reformation im Sinne von CA XXI in Ehren hielt. Heute ist das Fest, obwohl im Evangelischen Gottesdienstbuch noch aufgenommen, aus dem Gemeindeleben weitgehend verschwunden. Im Credo erinnern wir uns zwar der sanctorum communio, aber feiern *wir die Gemeinschaft mit denen vor, neben und nach uns auch? Wenigstens in den Jahren, in denen der 1. November auf einen Sonntag fällt?*

Seit deutlich mehr als 900 Jahren leben Christen im Kleinen Wiesental. Seit 460 Jahren besteht hier eine evangelische Kirchengemeinde. Heute stellt uns der alte Feiertag »in der Gemeinschaft der Heiligen« in den großen Zusammenhang, die Gemeinschaft mit denen, die vor uns lebten, die neben uns leben, die nach uns leben werden.
Feiern in der Gemeinschaft der Heiligen – das heißt zunächst einmal, zu realisieren: Wir sind die Ersten nicht. Wir sind nicht die ersten Evangelischen im Tal, wir sind schon gar nicht die ersten Christen in den Dörfern hier.

Wir sind die Ersten nicht, die glauben – und zweifeln;
die leben wollen aus der Hoffnung – und manchmal allen Mut verlieren.
Wir sind die Ersten nicht, die miteinander lachen – und weinen;
die miteinander Feste feiern und Streit austragen; die miteinander froh sind – und manchmal überhaupt nicht mehr weiter mögen.
Wir sind die Ersten nicht, die manchmal fürchten, die Letzten zu sein.

Der Feiertag in der Gemeinschaft der Heiligen weist uns unseren Platz an: Evangelisch oder nicht – wir sind die Ersten nicht, und es ist nicht

unser Verdienst, dass es hier seit 460 Jahren eine evangelische Gemeinde gibt, dass hier seit mindestens 900 Jahren Christen wohnen.
Der Feiertag in der Gemeinschaft der Heiligen stellt uns in eine Reihe mit denen, die uns vorangegangen sind in Glauben, Hoffnung und Liebe. Das Fest stellt uns in eine größere Gemeinschaft als den eigenen Kreis in dieser Zeit: Es weist uns einen Platz an in der Kirche aller Zeiten und aller Orte, es weist uns einen Platz an in der *Gemeinschaft der Heiligen.*
Das ist ganz schön dick aufgetragen: Gemeinschaft der Heiligen. Ich frage mich: Gemeinschaft der *Heiligen:* Gehöre ich da dazu? Ich fühle mich gar nicht heilig, eher im Gegenteil! Und dann – *Gemeinschaft* der Heiligen: Wenn ich denn schon heilig sein sollte, dann gehöre ich also zu einer Gemeinschaft, einer Art Familie von Menschen wie ich? Aber was ist das denn für eine Familie, was heißt es, dazu zu gehören?

Menschen, die mehr von sich selber und ihrer Familie wissen wollen, betreiben Familienforschung. Sie wühlen in alten Archiven und lesen staubige Bücher aus lang vergangener Zeit und versuchen, sich Stückchen für Stückchen ein Bild zu machen. Doch meine Familienforschung heute geht anders, denn meine Familienforschung beginnt in ... der Zukunft. Allerdings habe ich ein altes Buch gebraucht bei meiner Forschung, ein Buch, das mir viel zu erzählen hat über meine Familie: die Bibel.

Das erste, was ich nachgelesen habe, ist: ob ich da nun wirklich dazugehöre, zu den Heiligen? Die Antwort war vollkommen deutlich: Selbstverständlich gehörst du dazu. Du hast doch die Stimme gehört, die dich rief, du möchtest doch glauben an Jesus Messias, du bist doch mit lebendigem Wasser getauft in seinem Namen?
Ja, aber ... heilig bin ich nun wirklich nicht, nein: Keine Rede von einem fleckenlosen Leben, keine Rede von einem steinharten Glauben, und Weinen ist mir oft näher als Lachen.
Interessiert mich überhaupt nicht, sagte das Buch.
Heilig sind die, die zu Gott gehören, weil ER gerufen hat.
Heilig sind die, die zu Gott gehören, weil ER getauft hat.
Heilig sind die, die sich mit IHM im Fallen und Wiederaufstehen auf den Weg gemacht haben.
Und was die Flecken auf deinem Kleid angeht, die Risse von unterwegs,

und die Ärmel, feucht von Tränen: Das kommt alles wieder in Ordnung. Lies mal ganz hinten, da steht es, alles wird wieder sauber und weiß werden, weil Gott das will und weil er selbst dafür sorgt.

So landete ich mit meiner Familienforschung in der Zukunft, bei Johannes, der in einer Vision erzählt, wie es mit unserer Familie endet: »Dies sind die [Menschen], die aus der großen Bedrängnis kommen, und sie haben ihre Kleider gewaschen und weiß gemacht im Blut des Lammes [das ist Christus, der Herr]. Sie werden nicht mehr Hunger leiden noch Durst, noch wird sie überfallen die Sonne oder glühende Hitze, denn das Lamm … wird ihr Hirte sein und wird ihnen den Weg weisen zu lebenden Wasserquellen: und Gott wird abwischen jede Träne von ihren Augen.« (Offb 7,14–17)

Meine Familie hat Zukunft. Die Geschichte meiner Familie beginnt erst richtig, wo andere aufhören. Das bedeutet, dass es keinen Graben gibt zwischen mir und denen vor mir, dass die Toten nicht für immer von uns weggenommen, sondern uns höchstens einen Schritt voraus sind, dass sie auf uns warten, denn wir gehören zueinander, gerade in der Zukunft.
Meine Familie beginnt erst, wo andere aufhören. Das bedeutet auch, dass die Grenzen hier und jetzt sehr relativ sind: Sie hier sind meine Familie, denn wir haben die gleiche Zukunft. Auch wenn wir unseren Glauben jetzt ganz verschieden erleben, gehören wir doch zusammen. Es gibt nicht eine Zukunft für Junge und Alte, für Katholiken und Protestanten, für Gläubige und Zweifler. Es gibt nur einen Herrn, der Leben schenkt.
Auch unsere Partner in Teltow bei Berlin, in Whitstable in England oder in Kamerun sind meine Familie. Denn es gibt keine schwarze oder weiße, keine reiche oder arme Zukunft, sondern einen Herrn, der Leben schenkt. Zusammen sind wir unterwegs nach Gottes Zukunft, füreinander sind wir verantwortlich und lassen einander nicht im Stich.

Meine Familienforschung beginnt in der Zukunft, sagte ich, aber ich lande im Heute, denn vor der Zukunft von Gottes Reich liegt die große Bedrängnis. Das Leben jetzt wird gekennzeichnet gerade von den Dingen, von denen Johannes sagt, dass sie vorbeigehen werden: Hunger und Durst, Sonnenglut und sengende Hitze. Heute und hier hätte er wohl von der Qual des Überflusses an Nahrung geschrieben. Oder von Menschen, die so verzweifelt und in Lebensgefahr waren, dass sie sich auf den gefährlichen und strapaziösen Weg zu uns gemacht haben, und von Menschen hier, die am liebsten alle Grenzen verbarrikadieren würden. Oder er hätte geschrieben von Nachbarn, die einander das Leben schwer machen; von tödlichen Krankheiten; vom Konkurrenzkampf am Arbeitsplatz; von – was hättet ihr aufgeschrieben?

Meine Familienforschung ist anscheinend noch nicht fertig. Was kann ich denn in der Wirklichkeit von heute damit anfangen, dass ich einigermaßen weiß, wo alles endet? Johannes gibt Hinweise: Von den Menschen in den weißen Kleidern wird gesagt, dass sie aus der Bedrängnis kommen. Man kann also hindurchkommen!
Auch wird gesagt, dass sie einen gefunden haben, der ihnen den Weg zeigt: Jesus, das Lamm. Wenn wir eine Familie sind, dann muss dieser Pfadfinder also auch für mich da sein. So blättern wir zurück in dem alten Buch und kommen zu einem Dokument, das die Menschen beschreibt, die hinter diesem Pfadfinder herlaufen.
Glücklich werden sie genannt, denn sie finden Gnade bei Gott.
Glücklich werden sie genannt, denn für sie hat Gott alles bestimmt.
So werden sie beschrieben: Sie sind in sich selber arm, sie wissen, dass sie nichts erreichen aus sich selbst und alles von Gott erwarten müssen; sie machen sich die Not dieser Welt mit Tränen zu eigen, sie hungern nach Gerechtigkeit und werden darum verfolgt; sie setzen sich ein für den Frieden.
Das sind die Menschen, deren Kleider wieder weiß werden, wenn sie aus der Bedrängnis zum Vorschein kommen: Menschen, die bei Christus gefunden haben, was sie aus sich selbst nicht erlangen konnten, die sich deshalb bemühen, ihm zu folgen. Die Menschen sind meine Familie.
Diese Menschen sind – wir. Wir sind die Menschen, die zu Christus gehören. Wir sind die Menschen, deren Tränen abgewischt werden. Uns gehört das Reich Gottes. Wir gehören zusammen und sind Gott heilig.

Wir sind die Ersten nicht – zum Glück nicht. Es gibt andere vor uns und mit uns, die uns zurufen: »Die Befreiung kommt durch unseren Gott … und durch das Lamm!« (Offb 7,10)
Wir sind die Ersten nicht – wären wir doch die Letzten, wäre es doch

endlich so weit, dass wir die Bedrängnisse hinter uns lassen könnten und unsere Kleider wieder weiß waschen könnten, für immer!
Aber, Schwestern und Brüder, es ist doch schon so weit. Es beginnt doch schon. Wir gehören zusammen und teilen den Leib und das Blut des Lammes miteinander, und unsere Kleider werden wieder weiß wie am ersten Tag unseres Lebens. Und wir singen von dem, der uns aus der Bedrängnis befreit. Sein Königreich beginnt – unter uns. Schon 460, schon 900, schon über 2000 Jahre lang.

Loslassen
Predigt über Röm 3,21-28

Sibylle Rolf

Luther hat im Rückblick auf seine reformatorische Entdeckung beschrieben, dass er sich gefühlt hat, als seien ihm die Tore zum Himmel geöffnet worden. »Die Freiheit eines Christenmenschen« ist von da an sein Thema. Als freier Christenmensch findet er die Kraft, gegen die Mächtigen der damaligen Welt aufzustehen – ein kleines Mönchlein aus Wittenberg. Ein freier Christenmensch ist er bis an sein Lebensende geblieben, und diese Freiheit hat ihn so beflügelt, dass er darüber Lieder gedichtet hat: Freut euch und lasst uns fröhlich springen – wir haben es eben gesungen.
Seine Freiheitsentdeckung hat Luther gemacht, als er sich in die Bibel vertieft hat, vor allem in den Römerbrief. Unser Predigttext ist ein Abschnitt daraus. Auf den ersten Blick hat er aber mit der Freiheit eines Christenmenschen nichts zu tun. Das Wort »Freiheit« kommt noch nicht einmal vor. Dafür viele andere Wörter: Gerechtigkeit, Glauben, Gesetz, Gnade – und natürlich Gott. Und noch eins: Sünde. Und das ist nun wohl das gerade Gegenteil von Freiheit. »Uff«, haben Sie vielleicht beim Hören gedacht. Ganz anders klingt es als »Nun freut euch, lieben Christen g'mein«. Was hat Luther dazu gebracht, in diesen dichten theologischen Formulierungen Freiheit und Freude zu finden? In vier Schritten möchte ich mit Ihnen diesen Weg nachgehen.

1. Wie wird man gerecht?

Wer ist gerecht? Ein Lehrer, der für seine Schüler und Schülerinnen »gerecht« ist? Ein gerechter Richter? Gerechte Eltern? Wahrscheinlich können wir uns schnell darauf einigen, dass man einen Gerechten daran erkennt, dass er gerecht handelt. Er bevorzugt niemanden. Er hält sich selbst an die Regeln, die er anderen gibt. Ein Gerechter ist verlässlich. Er ist nicht heute so und morgen anders, nur weil er vielleicht schlecht geschlafen hat. Ein gerechter Lehrer gibt Noten nach Leistung und nicht danach, ob er Schüler und Schülerinnen mag. Ein gerechter Richter urteilt nach den Fakten und nicht danach, ob der Angeklagte hübsch oder reich ist oder großen Einfluss hat. Gerechte Eltern ziehen nicht ein Kind dem anderen vor. Sie versuchen, jedem Kind in seiner Eigenart »gerecht« zu werden. Gerecht ist, wer gerecht handelt. Dazu gehört auch, dass man sich an Regeln oder Gesetze hält.

Genau das hat Luther in seiner theologischen Ausbildung gelernt: Gerecht ist, wer gerecht handelt. Das gilt auch bei Gott: Den Gerechten vor Gott erkennt man daran, dass er sich an Gottes Gebote hält. Und Gerechtigkeit kann man einüben. Man wird immer besser darin, wie ein Musiker auf seinem Instrument durch Übung besser wird. Das ist plausibel, denn genauso lernen ja unsere Kinder, wie man sich allmählich immer besser an Regeln halten kann – man lernt sie kennen und übt sie ein.

2. Kann man Gerechtigkeit vor Gott üben?

Was Luther dazu trieb, in das Augustiner-Kloster in Erfurt einzutreten, war der Wunsch, gerecht vor Gott zu sein und in die Gebote Gottes hineinzuwachsen. Das Leben im Kloster war hart: viele Gebetszeiten, wenig Schlaf, nur eine Mahlzeit am Tag, an manchen Tagen gar keine. Bruder Martinus schindet sich, er hält sich genau an das, was andere von ihm erwarten, er erfüllt jede Regel, möglichst noch besser als die anderen – und doch findet er nicht, was er sucht. Im Gegenteil, er entfernt sich immer weiter von seinem Ziel. Sein Wunsch, vor Gott gerecht dazustehen, stößt ihn immer tiefer in die Verzweiflung – denn er schafft es nicht. Immer findet er noch etwas, wo er eben doch gegen Gottes Regeln verstoßen hat. Je mehr er sich müht, desto weniger kommt er an; je mehr er sich verbessern will, desto mehr kreist er um sich selbst. Warum ist das so?

3. Um frei zu werden, muss ich meine Unfreiheit erkennen

Bruder Martinus setzt alles daran, Gott zu gefallen. Und doch findet er keinen Frieden. Erst als er in der Heiligen Schrift entdeckt, was Paulus über den Menschen und über Gott sagt, fühlt er sich, als sei ihm eine Tür geöffnet worden – der Weg in die Freiheit.

Liebe Gemeinde, dieser Weg ist ziemlich überraschend; vielleicht haben Sie es noch im Ohr: Sie sind allesamt Sünder. Das lässt sich niemand gerne sagen, oder würden Sie sich als Sünder bezeichnen? Die meisten Menschen sind doch stolz darauf, dass sie das eben nicht sind – Sünder. Nicht in Konflikt mit dem Gesetz. Keine Punkte, in welcher Kartei auch immer. Vielleicht läuft nicht immer alles komplett richtig – aber deswegen gleich »Sünder«?

Luther hat das Wort »Sünde« in seiner Tragweite erst nach langem Ringen begriffen. Sünde ist nicht nur das, was wir *tun* – sondern Sünde betrifft, was wir *sind*. Solange wir mit »Sünde« das falsche Tun meinen, so lange halten wir sie von uns fern. Denn dann nehmen wir an, wir könnten auch anders. Wir müssten nur wollen, wir sind doch schließlich freie Menschen!
Wenn ich aber auch anders könnte, was bringt mich dazu, die Menschen, die mir nahe stehen, zu verletzen? Nicht richtig hinzuhören, wenn sie mir etwas Wichtiges sagen wollen? Was treibt mich eigentlich dazu an, den Menschen, mit denen ich umgehe, nicht wirklich »gerecht« zu werden, sondern ihnen mit meiner vorgefassten Meinung zu begegnen – klar, der war schon immer so, typisch ...? Was bringt mich dazu, kleine Unwahrheiten zu erzählen oder wichtige Dinge zu verschweigen? Was hält mich eigentlich davon ab, andere wirklich selbstlos zu lieben? Warum denke ich bei dem, was ich tue, immer auch daran, was es mir bringt? Und warum stehe ich mir so oft selbst im Weg, indem ich nichts anderes sehe, als ... mich selbst? Und schließlich: Warum vertraue ich nicht im Letzten auf Gott, sondern versuche, mein Leben selbst in die Hand zu nehmen, so, als brauchte ich Gott nicht?
Bruder Martinus hat diese Fragen an sein Herz gelassen. Er hat gespürt, dass er hinter seinem eigenen Anspruch zurückbleibt. Wie würde Gott auf ihn blicken? Für ihn waren seine Gewissensnöte bedrängender als die Geister, die uns heute Nacht in den Straßen von Ladenburg auflauern.
Dort, am Fenster seiner Zelle, hat er gesessen und gedacht: Wie gerne wäre ich anders: selbstlos, andere zu lieben, oder mutig, für das einzutreten, was doch eigentlich richtig wäre – aber allzu oft scheitere ich an meiner Angst oder daran, dass ich tue, was andere von mir erwarten. Und je mehr ich darüber nachdenke, desto verzwickter wird es. Je mehr

ich versuche, alles richtig zu machen, desto falscher wird es. Warum kann ich nicht so, wie ich will? Und – noch schlimmer – warum *will* ich manchmal noch nicht einmal das Gute? Wie kommt es, dass mir manchmal Menschen begegnen, die regelrecht das Böse in mir hervorrufen? Bei denen ich widerspreche, nur um zu widersprechen? Bei denen ich so lange argumentiere, bis ich am Ende das Gefühl habe, Siegerin zu sein? Bin ich am Ende gar nicht so frei, wie ich denke?

Bruder Martinus, möchte ich rufen, du weißt gar nicht, wie Recht du hast! Ich möchte solche Fragen gerne von mir wegschieben, aber an manchen Tagen kommen sie mir ganz schön nahe. Und was Martinus umtreibt, wird zu meiner eigenen Frage: Warum schaffe ich es nicht, so zu sein, wie ich eigentlich will – anderen zugewandt um ihretwillen? Ich weiß doch eigentlich, was gut und richtig wäre, ich kenne die Gebote Gottes, und sie sind mir wichtig – aber warum sehe ich zu und schweige, wenn zwei Kolleginnen über eine dritte, nicht anwesende herziehen? Warum geht es mir so oft darum, meine eigene Haut zu retten? Warum werde ich den Menschen, mit denen ich lebe, oft genug nicht gerecht – Kollegen, Angehörigen und Freundinnen? Ich fühle mich gefangen in mir selbst.

Wenn ich diese Fragen wirklich an mich herankommen lasse, dann ahne ich, welche Sprengkraft für Luther darin lag: Sie sind allesamt Sünder. Das ist die Diagnose, die aufdeckt, was ich schon längst geahnt habe: Ich kann mir nicht selbst helfen. Ich stecke viel zu tief darin. Es betrifft nicht nur das Äußere. Es geht bis ins Herz.
Sicher, all das Schreckliche, das Menschen *tun* können, auch das sind Sünden: Wenn Menschen andere Menschen quälen und missbrauchen, wenn Menschen andere zu Nicht-Menschen erklären. Aber die eigentliche Sünde liegt noch tiefer. Sie liegt in mir drin, auch in *mir*. Und damit, dass ich gerecht *handle*, ist ihr nicht beizukommen. Aber jetzt ist es gesagt. Und darin liegt der Anfang der Befreiung.

4. Die Freiheit des Christenmenschen

Die Freiheit liegt noch nicht im Bekenntnis der Sünde. Sondern darin, dass mir nur Gott helfen kann. In allen Nöten, die Martinus umtreiben – sein Beichtvater hält ihm Christus vor. »Gott war in Christus

und versöhnte die Welt mit sich selbst.« (2Kor 5,19) Martinus erfährt: Du musst nicht in dir selbst stecken bleiben. Sondern wirf dich auf Christus, so wirst du eine Freiheit entdecken, die bis in dein Herz reicht.
Im Glauben wirst du frei von deiner Sucht danach, dir, den anderen und Gott immer beweisen zu müssen, wie gut du bist. Welch ein Druck da von dir weicht! Du musst nicht gut werden, indem du gut handelst! In Gottes Augen *bist* du längst gut. Weil Gott dich liebt, musst du dich niemandem mehr beweisen. Du musst nicht deinen Weg zu Gott suchen, sondern Gott hat den Weg zu dir schon längst gefunden. »Ich bin dein, und du bist mein«, haben wir eben gesungen. So sprechen Liebende. Und während menschliche Liebende immer in der Gefahr stehen, sich wieder zu ›entlieben‹: Nichts kann dich mehr von Christus trennen. Denn er ist schon längst für dich da. Wo findest du Christus? Dort, wo er sich dir schenkt, ohne dass *du* etwas dafür tust. In seinem Wort, im Gebet, im Abendmahl in Brot und Wein.

Der Weg in die Freiheit führt über den Glauben. Er mutet uns zu, einzugestehen, dass wir nichts zu unserer Befreiung tun können, sondern alles geschenkt bekommen. Sich *alles* schenken zu lassen, ist gar nicht so einfach. Ich ertappe mich dabei, mir selbst auf die Schulter zu klopfen. Das habe ich aber gut gemacht, bin halt ein guter Mensch. Aber es gibt auch die Momente, in denen ich etwas von der Freiheit ahne, zu der Christus uns befreit hat. Immer dann, wenn ich nicht auf meinen Nutzen sehe, sondern mich beschenken lasse vom Augenblick. Von dem, was mir gerade zuteilwird. In der Stille, in der Begegnung mit einem Menschen, in der Musik, im Abendmahl und im Gebet. Beschenkte Menschen sind freie Menschen. Sie sind frei, weil sie ihre Hände öffnen und *loslassen* können. Sie halten Gott hin, worunter sie leiden – ihre Lieblosigkeit und ihre Selbstsucht. Indem wir uns dazu bekennen und Verantwortung dafür übernehmen, lassen wir los. Es verliert seine Macht. Ich bleibe nicht bei mir alleine. Das ist die »Gerechtigkeit im Glauben«.

Wenn wir gleich miteinander Abendmahl feiern, schenkt Gott sich uns, rührt uns im Herzen an und führt uns in die Freiheit. Jedem und jeder von uns spricht er zu: Du bist in meinen Augen wertgeachtet, weil ich dich liebe. Du musst mir nicht beweisen, dass du gerecht bist. Lass dich beschenken von meiner Gnade. Mögen wir Martinus heißen oder Sophie, Katharina oder Stefan, mögen wir in Wittenberg wohnen oder in Ladenburg: Im Glauben, der alles von Gott und nichts von sich selbst erwartet – hier liegt die Freiheit des Christenmenschen. Hier, in der festen Burg, die unser Gott ist.

Hier stehe ich
Ein neues Reformationslied

Hanno Gerke

Zu singen nach der Melodie »Nun freut euch, lieben Christen g'mein« (EG 341)

1. Hier stehe ich! Es ist nun Zeit,
von dir, mein Gott, zu singen.
Du hältst zu mir in Freud und Leid,
im Scheitern und Gelingen.
Bin ich verstrickt in Schuld und Schmerz,
machst du mich frei, siehst mir ins Herz.
Ich spüre deinen Segen!

2. Ich schau' auf manchen Tag zurück;
es bleiben viele Fragen.
Du warst mir nah, das war mein Glück,
hast Schweres mitgetragen.
Hab' ich die Strecke nicht geschafft
und war am Ende meiner Kraft,
hast du mich aufgerichtet.

3. Ich seh', wie weit der Weg noch ist,
und mach' mir viele Sorgen.
Wie schön, Gott, dass du bei mir bist!
Du machst mir Mut für morgen.
Wenn auch das Ziel noch ferne bleibt,
bist du es, der die Angst vertreibt.
Du kommst mir selbst entgegen.

Die Autorinnen und Autoren

Superintendent i. R. Heinz **Behrends**, Göttingen
Pfarrer Prof. Stefan **Claaß**, Herborn
Dekan Markus **Engelhardt**, Freiburg
Pfarrer Hanno **Gerke**, Dortmund
Pfarrerin Ute **Haizmann**, Weinheim
Pfarrer Berthold W. **Haerter**, Oberrieden (CH)
Dekan Eckhard **Herrmann**, Regensburg
Pfarrer Jörg **Hirsch**, Heidelberg
Pfarrer Kurt Rainer **Klein**, Schornsheim
Pfarrer Wolfhart **Koeppen**, Passau
Pfarrer Dr. Klaus **Kohl**, Bonn
Pfarrer Wolfgang **Max**, Bretten
Pfarrerin Nadja **Papis-Wüest**, Langnau a. Albis (CH)
Pfarrer Christian **Rave**, Tegernau
Pfarrer Peter **Remy**, Alsfeld
Pfarrerin Dr. Sibylle **Rolf**, Oftersheim
Pfarrer Arno **Schmitt**, Mannheim
Pfarrer Dr. Christian **Schwarz**, Wiesloch
Pfarrer Martin **Vogt**, Sundern
Pfarrerin Christel **Weber**, Borchen